D1325844

EEN BIJZONDERE LIEFDE

Johanna Adorján

Een bijzondere liefde

Vertaald uit het Duits door Marcella Houweling

MISTRAL
uitgevers

Oorspronkelijke titel: *Eine exklusive Liebe*

Oorspronkelijke uitgave: Luchterhand Literaturverlag,
onderdeel van Random House GmbH

Vertaling door: Marcella Houweling

Omslagontwerp: twelph.com

Omslagillustratie: © Peter von Felbert

Typografie en zetwerk: ZetProducties, Amsterdam

Copyright © 2009 Johnanna Adorján

Copyright © 2009 Nederlandstalige uitgave:
Mistral uitgevers; FMB uitgevers bv,
Postbus 3626, 1001 AK Amsterdam

www.mistraluitgevers.nl
www.fmbuitgevers.nl

Mistral uitgevers is een imprint van FMB uitgevers bv,
onderdeel van Foreign Media Group.

ISBN 978 90 499 5111 5
NUR 302

Voor mijn vader

Op 13 oktober 1991 maakten mijn grootouders een eind aan hun leven. Het was een zondag. Eigenlijk niet de ideale dag van de week om zelfmoord te plegen. Op zondagen bellen familieleden op, kennissen willen langskomen om samen een wandeling met de hond te maken, maandagen lijken me bijvoorbeeld veel geschikter. Maar goed, het was zondag, het was oktober. Ik stel me een onbewolkte herfstdag voor, omdat het zich allemaal afspeelde in Denemarken, in Charlottenlund, waar mijn grootouders woonden, een voorstadje van Kopenhagen waar alle huizen een tuin hebben en je de buren bij de voornaam noemt. Ik stel me voor dat mijn oma 's morgens als eerste wakker wordt. Ze wordt wakker en het eerste wat ze denkt, is dat dit de laatste ochtend is dat ze wakker wordt. Dat ze nooit meer wakker zal worden, alleen nog één keer zal inslapen. Mijn oma gaat snel overeind zitten, slaat het dekbed opzij en schuift haar voeten in haar sloffen die ze elke avond netjes naast het bed neerzet. Daarna staat ze op, een slanke vrouw van eenenzeventig jaar, strijkt haar nachthemd glad en loopt zachtjes, om mijn opa niet te wekken, de paar meter naar de deur.

In de gang wordt ze kwispelstaartend begroet door de hond, Mitzi, een Ierse terriërdame, lief, flegmatisch en niet bepaald gehoorzaam. Mijn oma kan goed met haar overweg. Ze praat Hongaars tegen haar. '*Jó kis kutya*,' zegt mijn oma nadat ze de slaapkamerdeur zachtjes achter zich heeft dichtgedaan. Kleine, goede hond. Ze heeft een basstem als een man. Waarschijnlijk komt dat door de vele sigaretten, ze rookt eigenlijk aan één stuk door. Ik zou in mijn beeld van deze ochtend nog een keer kunnen teruggaan en al direct na het ontwaken een brandende sigaret tussen haar vingers kunnen stoppen, merk Prince Denmark, extra zwaar (reclameslogan: Prince Denmark is mannenwerk). Ja, op zijn laatst als ze haar pantoffels heeft aangetrokken, zal ze er een hebben opgestoken. Terwijl ze in de gang de hond over haar kop aait en tegelijkertijd zachtjes de slaapkamerdeur achter zich dichttrekt, ruikt het dus naar verse tabaksrook.

Even later mengt zich daar de geur van koffie bij. Voor fijne neuzen ook een vleugje Jicky van Guerlain. Mijn oma heeft een ochtendjas aangetrokken, een zijden kimono die mijn vader voor haar uit Japan heeft meegenomen. Ze draagt hem losjes bijeengebonden in de taille en ze zit nu aan de keukentafel. Tussen de vingers van haar linkerhand bungelt een brandende sigaret. Ze heeft lange, elegante vingers en houdt de sigaret ver naar voren bij haar vingertoppen vast, alsof een sigaret iets kostbaars is. Mijn oma zit te wachten tot de koffie eindelijk is doorgelopen. Voor haar op tafel liggen een vulpen en een ringbandblok.

Wie mijn oma nu zo zou zien, zou kunnen denken dat ze zich verveelt. Haar wenkbrauwen staan zo ver boven haar ogen dat ze er van zichzelf uitzien als hoog opgetrokken, en door de geloken ogen krijgt haar gezicht een enigszins blasé-vermoeide uitdrukking. Op foto's op jongere leeftijd ziet mijn oma er een beetje uit als Liz Taylor. Of Lana Turner. Of een andere filmster uit die tijd met donker, lang haar en jukbeenderen die als gebeeldhouwd lijken. Ze heeft een korte, rechte neus en een kleine mond met een sterk gewelfde onderlip. Alleen haar wimpers zijn misschien iets te kort om perfect te zijn, en ze wijzen recht naar beneden.

Ook op haar laatste dag is ze nog een mooie vrouw. Haar huid is zomers bruin, een diep-, bijna vuilbruin, de jukbeenderen lijken nog meer omhooggeschoven. Haar haren draagt ze in laagjes geknipt tot op de kin. In de loop der jaren zijn ze zo weerbarstig als touw geworden, als een dikke, donkergrijze kap omlijsten ze haar gezicht. Op de ochtend van 13 oktober 1991 zit mijn oma dus aan de keukentafel. Terwijl ze wacht tot de koffie in de machine is doorgelopen, noteert ze in haar ringbandblok wat er nog moet worden gedaan. Krant afzeggen, schrijft ze. Rozen winterklaar maken. Ze heeft geen bril op, die heeft ze ondanks haar eenenzeventig jaar niet nodig en daar is ze heel trots op. Voor haar op de tafel ligt een sigaret in de asbak te smeulen. Hij knettert terwijl de vuurgloed zich door het papier vreet. Mijn oma schrijft: MITZI. Wanneer ze de vulpen neerlegt, kleddert er een druppel inkt van de pen op het papier en verspreidt zich tot een natte, blauwe vlek waarin het woord Mitzi verdwijnt. Jammer dan. Ze onthoudt het wel. Ze heeft het lijstje de afgelopen dagen zo vaak doorgenomen dat ze het allang uit haar hoofd kent. Ze zet de radio aan, een draagbaar, plastic radiootje dat naast het broodrooster staat. Er wordt iets van Bach gespeeld. Het is immers zondag.

*

Op de ochtend van 13 oktober 1991 duikt mijn opa met een rochelende ademhaling uit zijn slaap op en is onmiddellijk klaarwakker. Hij pakt zijn bril die op het nachtkastje ligt en werpt een blik op de wekker. Negen uur. Hij weet wat voor dag het is. Hij denkt er niet nu pas aan, hij wist het in zijn slaap al. Uit de keuken zijn geluiden te horen die ontstaan wanneer iemand probeert heel zachtjes de afwasmachine leeg te halen. En zachtjes klinkt ook het *Vioolconcert in a-klein* van Bach. Is het de opname met Menuhin? Hij blijft nog een paar maten liggen, dan staat hij op, wat inspannend voor hem is. Elke beweging put hem uit, zodra hij zit, moet hij eerst even uitrusten. Dan, alsof hij zichzelf moed inspreekt, haalt hij beide handen door zijn haar, strak over zijn hoofd, waardoor het naar achteren en tegen de zijkanten komt te liggen zoals het hoort. En hij staat, heel langzaam, op.

Mensen die in de laatste weken van het leven van

mijn grootouders bij hen op bezoek waren, die hun op een hol lijkende en gezellig volgepropte, blauw van de rook staande huisje binnenstapten, zagen óf mijn opa helemaal niet, omdat hij sliep, óf ze troffen hem op de sofa in de woonkamer aan, moe en heel mager – binnen een paar maanden was hij van zeventig kilo tot achtenvijftig kilo afgevallen en zag er als verschrompeld uit. Daar zat hij dan, door kussens ondersteund, en stond zelfs niet op als het bezoek afscheid nam. Hij had hartproblemen. De spier was zwak geworden, een ouderdomsverschijnsel, of misschien een laat gevolg van de tyfus die hij in de oorlog had opgelopen. De artsen in het ziekenhuis hadden hem nog maar een paar maanden te leven gegeven en op het laatst stond er naast zijn bed een apparaat waarmee hij zichzelf zuurstof kon toedienen.

Ik heb hem alleen met wit haar gekend. Een voorname man, zijn haar met een scheiding opzij, snor, geprononceerde kin met kuiltje. Hij droeg altijd overhemden, vaak een zijden halsdoek, en zijn wenkbrauwen waren lang en borstelig en stonden alle kanten op alsof elke haar een eigen leven leidde. Ik heb een foto waarop hij in doktersjas en met mondmasker staat, maar ondanks dat is hij aan zijn wenkbrauwen, die over de rand van zijn bril uitsteken, toch onmiddellijk te herkennen: hij was orthopedisch chirurg, een arts gespecialiseerd in voeten en benen. Toen ik nog klein was, stelde hij ooit de diagnose dat ik platvoeten had, maar hij deed dat zo aardig dat ik dacht dat het een compliment was.

Voor andere mensen mag hij er hebben uitgezien als een volstrekt normale, witharige, oudere heer met borstelige wenkbrauwen. En mijn oma mag op anderen de indruk van een volstrekt normale, oudere vrouw hebben gemaakt, die, als je oog voor detail had, opvallend rechtop liep. Op mij maakten ze ongeveer de volgende indruk.

Opkomst van mijn grootouders uit Kopenhagen: uit een wolk van parfum en sigarettenrook komt een elegant paar tevoorschijn dat eruitziet alsof ze zojuist hun oldtimer om de hoek hebben geparkeerd. Ze hebben de zwaarste stemmen die je ooit hebt gehoord, hun Duits heeft een buitenlands accent en ze praten tegen me alsof ik een kleine volwassene ben. Houd je van ballet, interesseer je je voor opera's, denk je dat er buitenaards leven bestaat? Het zou geen moment in mijn oma's hoofd opkomen om samen met ons kleinkinderen op haar knieën door de kinderkamer te kruipen om naar een verdwenen Playmobil-klikkapsel te zoeken, dat toch ergens moet zijn gebleven. In plaats daarvan ging ze met ons naar de opera. En mijn opa liet me, toen ik vijf jaar was, een trek van zijn sigaar nemen – toen ik daarna verschrikkelijk moest hoesten, schrok hij ontzettend en kocht heel snel een ijsje voor me. Voor mij leken het filmsterren, knap en geheimzinnig, en dat ze familie van me waren, mijn voorouders waren, maakte hen alleen maar nog onweerstaanbaarder.

*

Sprong. Een liefelijk landschap in Oostenrijk, bij Linz. Groene, zachte hellingen. Als een speelgoedburcht ligt hier op een heuvel het voormalige concentratiekamp Mauthausen, dat tegenwoordig een museum is. Het ziet er onschuldig uit, als een miniatuurmodel van iets wat in werkelijkheid veel groter is. Alsof de schaal is verschoven – zo overzichtelijk zijn de afmetingen van deze plek. Twee torentjes met tinnen, een zware houten deur. Als er een gracht voor had gelegen, zou je je hier heel goed een ophaalbrug kunnen voorstellen, maar er is alleen een voetpad dat zich langs de berg omhoogslingert tot aan de stenen poort, die breder is dan hoog. Een kleine deur, rechts in de poort uitgestanst, staat open. Iedereen kan erdoorheen lopen, hij werkt in beide richtingen, erin en eruit. Soms als er te veel bezoekers zijn, ontstaat er even een opstopping, maar iedereen die naar binnen gaat, komt er weer uit. Je loopt daarna een stuk de helling af, langs bordjes waarop *Todesstiege* staat, alles prima geregeld, je daalt een paar traptreden af, wandelt langs de hoofdingang naar de parkeerplaats, waar vanaf het middaguur veel bussen staan, je betaalt je parkeerkaartje, wat tegenwoordig met de euro heel makkelijk is, en dan rij je weer naar huis, opgelucht, aangegrepen, uitgeput, en waar is eigenlijk die fles water, en zouden we bij een benzinestation met toiletten even kunnen stoppen, en hoe lang is dat tolvignet eigenlijk geldig?

Ik ben hier met mijn vader. In de nacht voor ons bezoek heb ik gedroomd dat er in het concentratiekamp gastenboeken van de vroegere gevangenen uitgestald lagen. In mijn droom bladerde ik erin en ontdekte ineens tussen al die inschrijvingen het handschrift van mijn opa: MIT KAP A KUTYA. KAKILNI, PISILNI, stond er in het Hongaars – 'Wat mag de hond? Kakken, pissen', en zijn handtekening.

Het is vroeg in de ochtend, we zijn bijna de eerste bezoekers. Mijn vader en ik hangen eerst wat rond op de voormalige appelplaats die zich driehonderdvijftig meter lang in de zon uitstrekt. Een stralende dag. Heet. Geen wolkje aan de hemel. Af en toe zoemt een vlieg langs. Het heeft iets weg van een vakantiekamp, zo vredig is het er, de vogels sjilpen, de zon schijnt. We zijn onzeker over wat we zullen doen en gaan eerst maar naar een documentaire die om het hele uur in een van de barakken om het plein wordt vertoond. De voorstelling vindt plaats in een ruimte die op een klaslokaal lijkt. Er staan rijen oude, houten bioscoopstoelen. Ze piepen bij het naar beneden klappen en blijken al snel erg ongemakkelijk te zitten. De film wordt op de muur voor ons geprojecteerd. Hij is al wat ouder, het geluid kraakt en het contrast in de beelden is verbleekt, zodat er zo nu en dan nauwelijks meer iets te onderscheiden valt.

Er is een steengroeve te zien. Honderden mannen in gestreepte gevangeniskleren slepen zware granietblokken een steile trap op. Dit, zo legt de spreker uit, is de zogenoemde *Todesstiege*, de Trap des Doods, waar ontelbaar veel mensen zijn gestorven, deels door uitputting, deels door mishandelingen van de SS-bewakers. Mauthausen was een kamp van categorie III. Categorie III betekende: 'Vernietiging door arbeid'. Op het witte doek is nu een steile rotswand te zien, vijftig meter hoog en bijna loodrecht, door de SS de 'parachutistenwand' genoemd. Hier werden de gevangenen door de SS'ers vanaf geduwd en zo gedood; het waren er alleen al duizend op die dag in maart 1943 toen Himmler het kamp kwam bezichtigen.

Beelden van doden die in een onder stroom staand prikkeldraadhek hangen, getuigen komen aan het woord. 'Je gelooft het niet als je het niet met eigen ogen hebt gezien,' zegt er een met een sterk Oostenrijks timbre. 'Veel mensen denken dat het trucage is. Niemand gelooft het.' Daarna wordt het verhaal van de vijfhonderd Russische gevangenen verteld die in januari 1945 wisten te ontvluchten. Elf mensen overleefden de klopjacht die SS-personeel en omwonenden hadden georganiseerd. Elf van de vijfhonderd. Op 5 mei werd Mauthausen door de Amerikanen bevrijd. De USA-soldaat, ondertussen een oude man, die daar in de film over wil vertellen, stopt om de haverklap met zijn verhaal omdat hij zo moet huilen.

De opnames van de dag van de bevrijding laten tot op het skelet vermagerde mannen in gestreepte gevangeniskleren zien, met op de borst de Jodenster. Ze zijn allemaal kaalgeschoren, hebben enorm grote ogen en neuzen, monden als een streep en lange, dunne vingers. Ze zijn alleen verschillend van lengte.

Uit mijn ooghoek zie ik dat mijn vader tijdens de film een paar keer zijn vingers onder zijn bril steekt. Ik durf me niet naar hem om te draaien. Na de film zeggen we allebei weinig, en als we dat wel doen, dan op een bewust nonchalante toon. Ik wist helemaal niet dat er in Mauthausen een gaskamer was, zeg ik. Nee, zegt mijn vader, hij ook niet.

Daarna nemen we deel aan een rondleiding door het kamp. Een jongeman op gympen en in korte broek en poloshirt is onze *tourguide*. In de ondoorzichtige, zilverkleurige glazen van zijn zonnebril wordt de appelplaats weerspiegeld waar we op staan. Die is met grind bedekt. De zware, stenen wals, waarmee de gevangenen vroeger de grond moesten egaliseren, ligt er nog. Ondertussen staan er veel schoolklassen her en der om ons heen. Ze zijn lawaaierig, ze lachen, ze versturen sms'jes. Weten ze waar ze hier zijn? Interesseert het hen? Vinden ze het alleen al te gek dat ze hier zijn? Ik voel woede in mezelf opstijgen, woede op die vervelende tieners met hun zwartgeverfde haren en afgezakte spijkerbroeken.

Onze gids dreunt de feiten in een Oostenrijks dialect op. 'Alstublieft, in de barakken daar, daar werden organen bij de gevangenen verwijderd, bij levende gevangenen wel te verstaan, om te kijken hoe lang ze dat zouden overleven. De meesten stierven een ellendige dood. Als u nu, alstublieft, naar rechts wilt kijken.' Zijn verveelde toon zwakt de verschrikkingen af; is dat goed, is dat slecht, ik weet het niet. Ik ben blij dat ik op die manier geen gevaar loop te gaan huilen. Daar was ik bang voor geweest. Hier in het bijzijn van mijn vader te moeten huilen. Maar nu sta ik hier in de hitte en denk dat ik zonnebrandcrème met een hogere beschermingsfactor had moeten meenemen, vraag me af of er bij de uitgang cola light te koop is. Ondertussen luister ik naar de verschrikkingen, die altijd heel erg bij me aanwezig waren zonder dat ik ze precies kon benoemen. Hier staand denk ik vooral: maar mijn opa heeft het overleefd, hij heeft het overleefd.

In een souterrain is een tentoonstelling ingericht over de daar uitgevoerde medische experimenten. 'Hier in deze barak werden bij kerngezonde mensen organen weggehaald en daarna werd de tijd gemeten die ze bijvoorbeeld zonder nieren konden doorleven,' dreunt onze gids op. 'Ze stierven al snel daarna onder afgrijselijke pijnen. Zo, als u me nu alstublieft wilt volgen.' Een paar meter verderop vertelt hij dat getatoeëerde gevangenen van hun huid werden ontdaan en dat die tot lampenkappen werd verwerkt, zoals dat uit Auschwitz bekend is. In de vitrines achter hem is een foto te zien, de groep verdringt zich ervoor: de onduidelijke zwart-witfoto van een lampenkap met ankertjes erop. Ik loop een paar keer weg bij de groep en bekijk de foto's in de vitrines nauwkeuriger. Voortdurend voorbereid, nee, eropuit, om in een van die magere gedaantes mijn opa te herkennen. Wat heeft hij in Mauthausen meegemaakt? Hij heeft nooit over die tijd gesproken. Heeft hij in de steengroeve gewerkt? Of als arts? Wat zouden Joodse artsen in het concentratiekamp hebben gedaan? Wie zouden ze met wat hebben geholpen?

Door een ruimte die ter nagedachtenis aan de slachtoffers is ingericht – met foto's van gevangenen met naam, geboorte- en sterfdatum, de meesten echter Italianen, mijn opa is er weer niet bij – lopen we naar de gaskamer. Hij is niet zo groot en heeft een laag plafond. Ik wil nu alleen nog maar weg. Je hoort de stemmen van de volgende groep al, die vlak achter ons zit. Meisjesgegiechel dringt door tot in de gaskamer, ik merk dat er ineens een gevoel in me opkomt, maar ik weet niet wat het is. Woede, verdriet? Op de een of andere manier wordt het me nu toch allemaal een beetje te veel en ik zou graag alleen willen zijn. Op weg naar buiten komen we nog door een kleine ruimte waar een galg staat. Maar de meeste mensen zijn in dit vertrek met een nekschot gedood, legt onze gids uit, dat was praktischer, 'alleen al vanwege de snelheid'. Daarna houdt hij een korte voordracht over de actuele situatie wat neonazi's in Oostenrijk betreft, vertelt dat er bijna dagelijks hakenkruisen moeten worden verwijderd waarmee de muren van de gaskamer zijn beklad. Hij zegt dat hij daardoor geschokt is, maar hij zegt het net zo onverschillig als hij de rest van zijn repertoire heeft afgewerkt. 'We zijn aan het einde van onze rondleiding, dank u wel. Als er nog vragen zijn...'

*

Mijn opa heeft een ochtendjas over zijn pyjama aangetrokken en zijn voeten zijn gestoken in herenpantoffels van donker leer als hij de keuken binnenkomt. Hij schuifelt meer dan dat hij loopt. De radio staat nog steeds aan: het *Dubbelconcert voor twee violen* van Bach wordt gespeeld.

'Goedemorgen.' Zijn stem is nog zwaarder dan die van mijn oma, een diep brommende bas.

'Goedemorgen,' zegt mijn oma. 'Hebt u goed geslapen?' Ze spreken elkaar al hun hele leven lang met u aan, wat ook onder Hongaren van hun generatie volstrekt ongebruikelijk was – laat staan bij mensen die met elkaar waren getrouwd.

'Nee, ik heb niet erg goed geslapen,' zegt mijn opa. 'En u?'

Mijn oma trekt haar neus op en schudt van nee.

Mijn opa gaat zitten.

'Hebt u de krant nog niet binnengehaald?'

'Het is zondag,' zegt mijn oma.

'Ja ja,' zegt mijn opa alsof het hem zo-even zelf te binnen is geschoten.

Mijn oma is wat gespannen, ook al zal ze dat niet tegenover zichzelf toegeven. Mitzi, de hond, zit aan haar voeten en kijkt vol eerbied naar haar op. Waarschijnlijk rekent ze erop dat ze iets eetbaars krijgt toegestopt, wat ook elk moment kan gebeuren, want mijn oma moet niets hebben van het autoritair opvoeden van honden. Maar misschien is Mitzi's hondenkop wel helemaal leeg, ze is niet wat je noemt slim, en mocht dat wel zo zijn, dan weet ze dat goed te verbergen. Ze zit dus aan de voeten van mijn oma, kijkt onafgebroken naar haar op, en mijn oma krauwt haar dan even op haar kop, trekt de korte, ruwharige krullen tussen de oren van de hond strak naar achteren, precies zoals Mitzi het graag heeft.

'Wanneer gaat u naar Inga?' vraagt mijn opa.

'Ik moet daar tegen de middag zijn,' zegt mijn oma.

De radio knettert. Mijn opa richt de antenne anders, hij beweegt hem naar links en naar rechts en laat hem ten slotte schuin naar het raam staan. Daarna pakt hij de kan en schenkt koffie in zijn kopje. De helft gaat er echter naast.

Mijn oma zucht.

'O,' zegt hij als hij het ongelukje in de gaten krijgt. De laatste tijd gebeuren hem zulke dingen wel vaker. Hij heeft er problemen mee om afstanden goed in te schatten. Hij neemt aan dat het door de medicijnen komt.

Mijn oma staat op en trekt een vel van de keukenrol die boven de keukenplank hangt. Ze legt het op de koffieplas. Al snel kleurt het bruin. Ze propt het vel samen, veegt nog een keer over de tafel en gooit het in de vuilnisbak. Daarna gaat ze weer zitten en schenkt zijn kopje vol.

'Dank u wel.'

Hij drinkt een slok. Op de radio zal zo zijn lievelingspassage komen. De eerste viool heeft een warme, smachtende toon, het zou Oistrach kunnen zijn, denkt mijn opa, maar hij zou er niet om durven wedden.

'Hebben ze gezegd wie de solisten zijn?' vraagt hij.

'Ik heb niet opgelet,' zegt mijn oma en ze steekt een sigaret op.

Ze luisteren een tijdje zwijgend naar de muziek.

'Ik ga met u mee, als u daar geen bezwaar tegen hebt,' zegt mijn opa nadat de laatste maat van het tweede deel heeft geklonken.

'Langer dan tien minuten zal het bezoekje niet duren,' zegt ze.

'Ik blijf in de auto zitten.'

'Denkt u toch na. U bent al dagen niet meer buiten geweest.'

Mijn opa zegt niets.

'Het is te vermoeiend voor u,' zegt mijn oma.

Mijn opa zegt weer niets.

'Het is echt beter voor u om uit te rusten.'

Een poosje zeggen ze nu allebei niets.

'Nou, goed dan,' doorbreekt mijn oma ten slotte het stilzwijgen. 'Als u het dan per se wilt.' Ze pakt de hond aan beide oren vast. 'Maar u zult heel moe worden.' De hond, die het vervelend vindt als er aan haar oren wordt getrokken, wringt zich los en loopt achteruit weg onder de tafel. Mijn oma staat op. Ze zet haar kopje in de gootsteen. 'Maar u moet wel iets warms aantrekken.' Met deze woorden verlaat ze de keuken.

Mijn opa blijft zitten en luistert naar de muziek. Na de laatste noot van het derde deel barst op de radio applaus los. Zouden ze zo meteen zeggen wie het hebben gespeeld? De laatste tijd wacht hij daar soms tevergeefs op, steeds vaker kondigen ze alleen het volgende stuk aan.

Hij haalt een plat, zilveren etui uit de zak van zijn ochtendjas, opent het en neemt er een sigaartje uit. Uit de andere zak haalt hij een aansteker die je ook in een storm zou moeten kunnen gebruiken. Hij steekt het sigaartje aan, de eerste van de dag, die hij waarschijnlijk het lekkerst vindt. Hij trekt er een paar keer stevig aan en dan stijgt er rook op. Aha, nu goed luisteren, het applaus wordt zachter. *'Det var dobbetkoncerten af Johann Sebastian Bach, spillet af David Oistrakh og Yehudi Menuhin,'* zegt de presentator op de radio in het Deens. *'Nu kommer et stykke af György Ligeti.'* 'György,' verbetert mijn opa hem, hij spreekt het als één lettergreep uit, met een zachte 'dzj' aan het begin en aan het eind. 'Ligeti György.' Een lange trek aan zijn sigaartje nemend, schudt hij zijn hoofd, leren die Denen dat dan nooit?

*

We weten weinig af van de periode die mijn opa in het concentratiekamp heeft doorgebracht. Eigenlijk weten we niets. Hij heeft er nooit over gesproken, en als je hem ernaar vroeg, wat ieder familielid gemiddeld één keer heeft gedaan, dan antwoordde hij: 'Daar praten we niet over.' Als je het aan mijn oma vroeg, zei ze hetzelfde: 'Daar praten we niet over.' Maar hoe weten we dan dat hij moest leren slapen terwijl hij liep? Als hij was neergevallen of was gaan zitten, zou hij zijn doodgeschoten. Alleen dit ene weten we. Dat wil zeggen, mijn tante en ik, wij weten het. Wat 'weten' ook mag betekenen, want mijn vader herinnert zich bijvoorbeeld niet dat verhaal ooit gehoord te hebben. Wie heeft het aan wie verteld? Wanneer? Is het eigenlijk wel waar? Er zijn momenten geweest waarop ik, als ik tijdens het joggen niet meer kon, mezelf motiveerde met de gedachte dat ik de kleindochter was van een man die slapen kon terwijl hij liep. Omdat hij dat moest. Omdat zijn leven ervan afhing. Heeft altijd gewerkt. Ja, net zo banaal als het nu klinkt.

Mijn vader belt me op. Hij heeft in de papieren van mijn opa, die ergens bij hem in een la liggen, een verklaring gevonden waaruit blijkt dat mijn opa in 1944 in Mauthausen arriveerde en in 1945 in kamp Gunskirchen, vijfenvijftig kilometer van Mauthausen verwijderd, werd bevrijd. Dat is een verrassing voor ons, we dachten dat hij in Mauthausen was bevrijd. Op het internet vind ik verhalen over zogenaamde dodenmarsen, waarbij gevangenen in de laatste weken van de oorlog, omdat Mauthausen overvol zat, naar Gunskirchen werden overgebracht. Ik lees dat de ss'ers iedereen die bleef staan, die van uitputting in elkaar zakte of zich alleen maar bukte om zijn schoenveters vast te maken, ter plekke doodschoten. Kinderen, vrouwen, mannen, ze maakten geen onderscheid. Wie het tempo niet kon bijhouden, werd neergeschoten. Zonder uitzondering. Er stierven duizenden gedurende die marsen. Ik ben natuurlijk geschokt terwijl ik daarover lees, maar ik ben ook opgelucht. Het klopt dus, ik ben die kleindochter.

*

Ze werden tijdens een huisconcert aan elkaar voorgesteld, in 1940 in Budapest. Vanuit Hongarije leek de oorlog ver weg, alles was nog rustig. De meningen lopen uiteen of dit huisconcert bij gezamenlijke vrienden plaatsvond of bij de ouders van mijn oma. In elk geval speelde het zich af in de Joodse, Budapestse bourgeoisie, ik weet dat het een pianoavondje was en dat de pianist István Antal heette (Hongaren zouden uiteraard Antal István zeggen). Toch stel ik me er ook een viool bij voor, een jongen met een Kafkagezicht, en in mijn voorstelling spelen ze 'Liebesleid' van Kreisler, dat heeft zoiets koninklijks, die weemoedigheid over vergane glorie. Ik stel me voor dat mijn opa bij dit huisconcert op een van de voorste rijen zat, rechtop, de blik naar voren gericht, en mijn oma eerst alleen maar zijn achterhoofd zag. In die tijd zal zijn haar nog donkerbruin zijn geweest. Hij zat vast en zeker heel rechtop, want dat deed hij altijd. Waarschijnlijk had hij een smoking aan, zo'n man was het wel.

Iemand zal mijn oma hebben ingefluisterd dat diegene daar vooraan een jonge chirurg was, en misschien heeft ze hem toen pas opgemerkt, die goeduitziende man, of liever gezegd die man met dat goeduitziende achterhoofd die zo kaarsrecht naar de muziek luisterde. Er zal een pauze zijn geweest waarin iedereen opgelucht was dat ze eindelijk wat konden rondlopen, drinken en babbelen. Iedereen behalve mijn opa waarschijnlijk, want die hield meer van muziek dan van wat dan ook op de wereld. En toen heeft iemand hen aan elkaar voorgesteld. Veronika en István, Vera en Pista. Zij was twintig, hij eenendertig jaar.

Mijn oma beweerde dat ze meteen bij de eerste ontmoeting wist dat dit de man was met wie ze zou trouwen. Ze heeft dat in elk geval vaak zo verteld. En hoe het verder tussen hen ging, weet ook iedereen in de familie. Het is een van die verhalen die zo vaak worden verteld, dat het nooit anders kan zijn gegaan als precies op die manier. Een familieanekdote: ze spraken af om met elkaar te gaan wandelen. En omdat ze elkaar zo aardig vonden, spraken ze daarna nog een keer af om met elkaar te gaan wandelen. En daarna weer. Allebei dachten ze van de ander dat hij dol op wandelen was. Beiden hadden het mis. Toen deze kwestie op een gegeven moment werd opgehelderd, waren ze allebei heel opgelucht geweest.

Op 7 augustus 1942 trouwden ze. Een klein feestje, de familie was er en een paar vrienden. Op de trouwfoto kijkt ze hem stralend en onbeschaamd van opzij aan. Ze heeft een witte bloem in haar haren en in haar arm ligt een boeket witte aronskelken. Hij, een kop groter dan zij, kijkt trots op zijn mooie bruid neer, met aan zijn linkerhand, helemaal nieuw, de trouwring. Ze zijn alleen voor de burgerlijke stand getrouwd, in God geloofden ze allebei niet. Zouden ze elkaar voor de ambtenaar van de burgerlijke stand hebben beloofd bij elkaar te blijven tot de dood hen scheidde, of zoals men in het Hongaars zegt: tot spade, hark en grote klok hen scheidden? Wisten ze toen al dat ze daar niet op zouden wachten?

*

Wat doen mensen op de ochtend waarvan ze weten dat het de laatste zal zijn? Ik stel me voor dat ze opruimen, dingen afmaken. Dat ze de vuilnis wegbrengen, de telefoonrekening van de afgelopen maand in een map opbergen, dat ze de was opvouwen en de opgevouwen was nog een keer extra met de hand gladstrijken, voordat ze die in kast leggen – tenslotte is het voor de ogen van anderen bestemd. Ik stel me voor dat twee mensen die weten dat dit hun laatste ochtend is, liever ieder apart hun dingen doen, om elkaar niet voortdurend in de ogen te hoeven kijken, want wat valt er nog te zeggen? Het zal allemaal al besproken zijn, neem ik aan. Al weken en maanden. Of al jaren? Misschien luisteren ze naar muziek, niet te droevige, liever Mozart dan Wagner. Ik stel me voor dat mijn opa in de woonkamer zit, op de stoel naast de platenspeler, dat hij sigaartjes rookt, die kleine dunne, en telkens weer hoest, een diepe, bronchiale hoest. Hij heeft nog steeds zijn ochtendjas aan, op zijn knieën staat een doos met papieren die hij wil doorkijken en sorteren, maar hij doet het niet. Hij beweegt niet. Zijn ogen kijken naar een verte die behalve hij niemand ziet. Hij haalt moeizaam adem. Misschien is hij alleen maar moe.

Mijn oma komt de kamer in, meerdere asbakken in haar hand. Ze heeft zich ondertussen aangekleed, heeft een hemdblouse van donkerrood ribfluweel aan en een overgooier van spijkerstof, met daaroverheen een schort. En ze heeft stevige schoenen aan, omdat ze buiten was met de hond. Ze heeft haar haren geborsteld, die nu in afzonderlijke lagen van haar hoofd afstaan en die qua vorm aan een sparappel doen denken. Vlak achter haar in de deuropening duikt de hond op die op deze ochtend geen moment van haar zijde wijkt.

'Pista?' Mijn oma spreekt zijn naam geïrriteerd uit, Pisjta, de troetelvariant van István. Het klinkt sissend als ze het uitspreekt.

Mijn opa draait zijn hoofd naar haar om. Hij kijkt verrast, hij heeft haar helemaal niet gehoord, dan glimlacht hij. Zijn vrouw, zijn mooie vrouw.

'Ik vroeg u iets.'

'Wat dan?'

'Of u uw medicijnen al hebt ingenomen,' zegt ze.

Mijn opa knijpt even zijn ogen dicht, wat mijn oma als bevestiging interpreteert. Ze loopt naar de keuken om de asbakken om te wassen die in de logeerkamer en de gang stonden. Alles moet netjes zijn. Ze wil niemand last bezorgen. Niemand mag hun besluit als een last ervaren.

De telefoon begint te rinkelen.

Mijn oma veegt haar handen aan haar schort af en loopt terug naar de woonkamer, waar het apparaat op de secretaire staat. Mijn opa kijkt op. Hij draait de muziek zachter.

Mijn oma drukt de hoorn tegen haar oor.

'Ja?'

–

'*God dag*, Sebastian, hoe is het met je?' Het is mijn neef.

–

'Morgen? Nee, morgen kunnen we niet, daar hebben we het toch al over gehad? Hoe lang ben je nog in Kopenhagen?'

–

'Nee, morgen gaat echt niet, ook 's middags niet. Morgen zijn we toch in het ziekenhuis, Pista wordt onderzocht.'

–

'Ja, zeker weten. Dat duurt altijd lang. Ja, heel jammer, maar een andere keer moet je zeker op bezoek komen.'

–

'Doe ik. Het beste ermee, ja, jij ook, ja, *farvel-farvel.*'

Ze legt de hoorn op de haak, staat op en loopt weer naar de keuken.

'Wat zei hij?' roept mijn opa haar achterna.

'Hij wilde morgen bij ons langskomen!' roept mijn oma.

'En wat hebt u tegen hem gezegd?' roept mijn opa, die alles heeft gehoord.

'Ik zei dat we naar het ziekenhuis moesten.'

'Morgen?'

'Ik zei dat u moest worden onderzocht.'

'Goed.'

'Hij is in Kopenhagen. Hij wilde morgen komen. Ik heb gezegd dat dat niet ging.'

'Goed.'

Mijn opa zet de muziek weer harder.

In de keuken leunt mijn oma even met beide handen op de rand van de spoelbak. Dan gaat ze weer rechtop staan en haalt een asbak uit het afwaswater om hem af te drogen.

Nee, fout, dat is mijn sentimentele fantasie. Mijn oma hoeft niet op het aanrecht te leunen. Ze heeft een besluit genomen, ze heeft dat besluit al een hele tijd geleden genomen, en als ze sentimenteel was geweest, zou ze vandaag nog leven. Ze was op die dag in oktober zestien jaar geleden een volkomen gezonde, eenenzeventigjarige vrouw.

*

Na haar dood hebben we haar klerenkast uitgeruimd, mijn tante, mijn moeder en ik. Ik heb een jasje meegenomen dat eruitziet alsof het van slangenleer is gemaakt, maar in werkelijkheid is het van plastic. Mijn oma heeft het zelf genaaid. Het materiaal ziet er zó echt uit dat ik meer dan eens verwijten van dierenbeschermers heb moeten aanhoren als ik het jasje droeg. Ondertussen is het plastic boven bij de kraag op een paar plekken afgeschilferd en de groene binnenvoering zichtbaar geworden, maar ik draag het nog steeds. Met een soort lachwekkende familietrots. Weliswaar alleen op koele dagen, want je transpireert er behoorlijk in, wat mijn oma uiteraard nooit heeft laten merken.

Ze kleedde zich extravagant. Het plastic slangenjasje droeg ze in combinatie met een broek van hetzelfde materiaal, en dat het haar lukte om er daarin niet als verkleed uit te zien maar gewoon heel goed, lag aan haar aangeboren elegantie. Alles stond haar. Ze kon dragen wat ze wilde – en deed dat ook: ze gaf de voorkeur aan opvallende sieraden en gedurfde kleuren, combineerde leer met breiwerk, sweatstof en ribfluweel, knoopte van alles om haar slanke taille, en in de zomer droeg ze tot op de grond hangende jurken van geel frotté en zonnebrillen waar haar gezicht bijna geheel achter verdween.

Het enige wat helemaal niet bij haar overige verschijning leek te passen, waren haar schoenen, die we netjes op een rij naast elkaar in een speciale kast vonden. Mijn oma had iets aan haar voeten, waarschijnlijk een peesgezwel, dat ik echter nooit heb gezien en ook bijna niemand anders, omdat ze zorgvuldig vermeed haar voeten ooit te laten zien. Ze stonden ietsje binnenwaarts gedraaid en ze droeg uitsluitend plat, stevig schoeisel met lichtgekleurde oma-rubberzolen. Maar dat belette haar niet om er trots en heel rechtop op rond te lopen. Ze schreed over trottoirs alsof ze over een voor andere mensen onzichtbare, rode loper liep.

Als ze iemand absoluut niet kon uitstaan, keek ze gewoon dwars door hem heen, en ze deed dat zo perfect, dat het slachtoffer het gevoel had dat de temperatuur om hem heen plotseling een paar graden zakte. Ze deed gewoon alsof diegene niet bestond, ook al stond hij vlak voor haar, wierp een blik dwars door zijn hoofd heen naar de overkant van de straat, terwijl daar ook niets bijzonders te ontdekken viel.

Ze werd gevreesd en bewonderd. Als ze een ruimte vol mensen betrad, nam iedereen haar stemming over, zo sterk, zo dwingend was haar persoonlijkheid. Als ze lachte, was men opgelucht. Was ze moe of was ze, God verhoede het, uit haar humeur, dan kon er onmiddellijk een bedrukte stemming ontstaan.

Ik geloof niet dat mijn oma zich bewust was van het effect dat ze op andere mensen had. Ik geloof dat ze zichzelf beschouwde als een elegante, interessante, intelligente, sympathieke vrouw, die graag kookte en bakte en naar de opera ging. Maar wat weet een kleinkind nu echt van zijn oma? De kleine vrouw die op een warme zomerdag in Budapest op een gebogen biedermeiersofa voor me zit, was haar beste vriendin. Ze is net zo oud als mijn oma vandaag zou zijn geweest, zevenentachtig. Ze is een beetje krom, als een vergroeide boom, maar tegelijkertijd ook nog heel meisjesachtig, ze heeft haar lippen gestift in een intens lichtrode kleur. We zien elkaar vandaag voor het eerst. Haar levensloop heeft haar naar Charleston, South Carolina, gedreven, waar ze al vele jaren woont. Nu is ze een paar weken op bezoek in haar Hongaarse geboorteland en ze gaat ervan uit dat het haar laatste bezoek is. Het reizen wordt haar te zwaar.

In haar kleding volgt ze volledig haar eigen weg, zoals oude mensen af en toe doen die er in de loop van tientallen jaren lak aan hebben gekregen of hun smaak nog door anderen wordt gedeeld. Op haar mouwloze, zwarte hemdje maken witte Eiffeltorentjes rondedansjes, haar bril is zo enorm groot dat hij links en rechts over haar gezicht uitsteekt. In de huid van haar bovenarmen zijn in de lengte aandoenlijke rimpels ontstaan. Haar ring herken ik onmiddellijk: drie dunne, met elkaar vervlochten ringen in verschillende tinten goud: de Cartier-ring van mijn oma.

Nadat we zijn gaan zitten, steekt Erzsi een sigaret op, de eerste van vele, ze rookt Marlboro. Ze zit wijdbeens, helemaal naar voren op het randje van de sofa, de onderarmen geleund op haar bovenbenen, en kijkt me door haar reuzenbrillenglazen aan. 'Okay,' zegt ze, 'what do you want to know?'

*

Op 19 maart 1944 werd Hongarije door de Duitsers bezet, dus pas vrij laat in de oorlog. Met een grootscheepse operatie die haar weerga tot dan toe niet had gekend, deporteerden ze in de daaropvolgende maanden tegen de zeshonderdduizend Hongaarse Joden. Alleen al in Auschwitz arriveerden er binnen slechts twee maanden circa vierhonderddertigduizend. De pas aangekomen Hongaren boden in het kamp een ongebruikelijke aanblik. Weldoorvoed, omdat ze zo lang waren ontzien, gezond – en met zovelen dat men het nauwelijks kon bijbenen om hen te vermoorden. Niettemin kregen de Duitsers het voor elkaar om voor mei 1945, dus binnen een jaar, tweederde van alle Hongaarse Joden om het leven te brengen.

Toen Duitsland Hongarije bezette, was mijn oma net drie maanden zwanger. Zes maanden later, op 26 september 1944, toen het gevaar het grootst was, bracht ze een zoon ter wereld, mijn vader. We weten dat ze hem de eerste maanden in een la verstopte. Maar hoe heeft zij zich kunnen verstoppen? Waar was die lade? Hoe kon ze aan getto en concentratiekamp ontsnappen? We weten dat ze valse papieren had. Waarom zij wel en mijn opa niet? Hoe heeft mijn oma de oorlog overleefd?

*

'It was a crazy time,' zegt Erzsi. We spreken Engels met elkaar, ik met een Duits, zij met een Hongaars accent. Haar ogen zien er heel wakker uit achter haar grote brillenglazen. Een krankzinnige tijd, er moest zoveel worden gedaan, zoveel hulp worden geboden. Ze zegt het vergenoegd, bijna monter. Alsof het één groot avontuur was. Bovendien is ze zelf een Jodin – hoe heeft zij eigenlijk de Duitse bezetting overleefd?

'Valse papieren,' zegt ze achteloos. 'Mijn man zat in het verzet, we konden Jan en alleman valse papieren bezorgen. Het was een heerlijke tijd, natuurlijk was het een verschrikkelijke tijd, maar ik was toen vierentwintig uur per dag wat je noemt manisch. Het voelde geweldig om te kunnen helpen. Ik was jong, misschien was ik me niet zo bewust van het gevaar. Ik was de hele tijd eigenlijk alleen maar bezig heen en weer te rennen, heb mensen valse papieren bezorgd en voelde me als een goede engel.'

Ja, maar als het dan zo eenvoudig was, waarom moest mijn opa, de man van uw beste vriendin, dan naar het concentratiekamp?

'Hij werd opgeroepen voor de *Arbeitseinsatz*, de gedwongen tewerkstelling voor Joodse mannen en via die weg afgevoerd. We konden er niets tegen beginnen. Je oma had valse papieren. Ik weet dat ze de Jodenster maar één dag heeft gedragen, toen heeft ze hem weer afgedaan. Maar ik weet niet waar ze heeft gewoond, we hadden toen niet zoveel contact.'

Mijn oma verdacht haar er in die tijd van dat ze met de Duitsers heulde, vertelt Erzsi. Terwijl om haar heen allerlei kennissen in het getto werden gestopt of verdwenen, liep Erzsi volstrekt niet bang en ongehinderd rond en was in een opperbeste stemming, en dat vond mijn oma vreemd. Bovendien waren hun wegen al een paar jaar gescheiden vanwege hun mannen, zegt Erzsi. Ze waren allebei zo verliefd geweest, nog niet lang getrouwd, en daarom was er toen voor een vriendin geen plaats. Maar Erzsi heeft haar één keer in het ziekenhuis opgezocht, een paar dagen voordat de baby werd geboren.

Dus mijn vader is in het ziekenhuis geboren?

'Ja. Ze had valse papieren. Haar moeder was er ook toen ik op bezoek kwam. Vera was in een afschuwelijk humeur.'

Erzsi lacht. En dan vertelt ze hoe ze elkaar hebben leren kennen, mijn oma en zij. Dat ze op school bevriend raakten en alles samen deden, huiswerk, balletles, sigaretten roken. Hoe ze allerbeste vriendinnen werden, mede omdat ze allebei verder weinig vrienden hadden, en ik stel me hen voor als mooier dan de andere meisjes in de klas, mooier en intelligenter, en waarschijnlijk vreselijk arrogant.

*

Na de bruiloft trokken mijn grootouders in een prachtige, grote woning in de buurt van de opera, aan het qua verkeer drukste plein van de stad, het Oktogon, waar vier straten op uitkomen en je nu van de tram op de metro kunt overstappen. Het huis staat er nog. Op het dak is tegenwoordig een lichtreclame aangebracht, al van ver zijn 's nachts de karakteristieke letters van Rolex te zien, groen met een geel kroontje boven de L. Het is zo'n Zuid-Europees huurhuis met een aantal wooneenheden die om een binnenplaats liggen. Een ronde trap verbindt de etages met elkaar, de balustrades naar elkaar toe gewend als rangen in een theater. Luie mensen kunnen gebruikmaken van de lift waarvan de ijzeren deur met een roestig gepiep opengaat.

Mijn grootouders woonden op de tweede verdieping. Schuin onder hen woonde de oudere broer van mijn opa met vrouw en kind. Hij stierf in de jaren zestig in zijn nieuwe vaderland Australië. Op foto's ziet hij eruit als een doorgelopen aquareltekening van mijn opa. Waar de één aangenaam regelmatige gezichtstrekken heeft, lijken die van de ander verschoven. Zijn gezicht was smaller, de ogen door zwarte schaduwen omrand. Hij heette József, werd Dodo genoemd en was advocaat. Van hem is in elk geval in detail overgeleverd hoe hij de oorlog heeft doorstaan. Er bestaat een brief die hij in 1946 aan een voormalige schoolvriend heeft geschreven en waarin hij vertelt hoe hij meer dan eens aan de greep van de Gestapo is ontsnapt en in de laatste weken tot het einde van de oorlog zat ondergedoken in het huis aan het Oktogon dat zijn niet-Joodse vrouw had kunnen behouden.

Over mijn grootouders schrijft hij daarin het volgende: 'Mijn naaste familie heeft het ook overleefd. Pista is in 1942 getrouwd; eind september 1944 kregen ze een jongetje – fantastische timing. Zijn vrouw en de baby konden zich met valse papieren tijdens die zware tijden verstoppen. Pista werd met de arbeidsdienst naar Polen getransporteerd; van daar marcheerden ze de hele weg – met een omweg om Budapest heen – tot aan Mauthausen en later naar Gunskirchen. Ik neem aan dat de namen van die plaatsen je inmiddels bekend zijn, vanwege hun eigen treurige carrière op het pad van de roem – ze liggen in elk geval in het westelijk deel van Oostenrijk.'

Ook van hem kom ik niet meer details te weten over de verblijfplaats van mijn oma. Misschien heeft zij zich ook in het huis aan het Oktogon kunnen verstoppen. Dat werd, zoals Dodo schrijft, tegen het einde van de oorlog door de Duitse Gestapo geconfisqueerd, wat een geluk bleek te zijn, omdat het daardoor gevrijwaard werd voor razzia's op Joden door Hongaarse nazi's, de zogenaamde Pijlkruisers.

Haar ouders hadden in elk geval niet zoveel geluk. Hoewel ook zij valse papieren hadden, zoals Erzsi me vertelt, werden ze tegen het einde van de oorlog door Pijlkruisers opgespoord in het huis waarin ze zich hadden verstopt. Het lag buiten Budapest, een verlaten huis op het platteland. Misschien is het ook wel een stilgelegde fabriek geweest die op een eiland in de Donau lag, dat is de versie die mijn vader kent. Zowel Erzsi als mijn vader zegt dat de uit de schoorsteen opstijgende rook de ouders van mijn oma heeft verraden. Net zoals honderden andere Joden in de laatste oorlogsmaanden werden ze door de Pijlkruisers naar de oever van de Donau gedreven en doodgeschoten. Ze stierven in december 1944, de precieze sterfdag is niet bekend.

Mijn oma heeft nooit meer iets over hen gezegd. Ze zijn er ooit geweest, nu zijn ze er niet meer, zo, en dan hebben we het nu over iets leukers.

Hun namen staan in het Holocaust Herdenkingscentrum in Budapest op een gedenkmuur: Gizella en Elemér Fellner. Heel klein staan ze erop, tussen de namen van duizenden andere vermoorde mensen.

Mijn vader en mijn tante hebben het volgende over hen verteld: Gizella hield van bloemen, was zioniste en leed aan depressies; Elemér was ingenieur, had een grote snor, een kaal hoofd en was lief en vrolijk. Raar toch dat er zo weinig van een mensenleven overblijft.

*

De muziek is op een gegeven moment opgehouden, zonder dat mijn opa het heeft gemerkt, en hij heeft ook niet gemerkt dat mijn oma de geruite wollen deken, die anders op de bank ligt, over zijn benen heeft gelegd. Hij is in zijn stoel ingedut, zijn hoofd opzij hangend, de mond een stukje open, zo nu en dan veroorzaakt zijn adem een gorgelend geluid.

Mijn oma heeft gele huishoudschoenen aangetrokken en haar mouwen opgestroopt. Ze is van plan het huis pico bello achter te laten, en nadat ze in de slaapkamer, de badkamer en de keuken al heeft gezogen, geveegd, geboend en opgeruimd, is nu de eetkamer aan de beurt, die aan de woonkamer grenst en die ze slechts zeer zelden gebruiken. Vooral sinds mijn opa ziek is en ze geen gasten meer uitnodigen om bij hen te komen eten.

Aan de muur hangt een donkerrood Perzisch tapijt, waar ze nu naar kijkt alsof het de eerste keer is. Het hangt daar sinds ze hierheen zijn verhuisd. Heel mooi donkerrood eigenlijk, denkt ze. Grappig, dat was haar eerder nooit opgevallen. Ze klopt ertegen, er dwarrelt geen noemenswaardige hoeveelheid stof uit op, des te beter, denkt ze, anders had ze nu de mattenklopper moeten zoeken.

De hond heeft ze in de tuin losgelaten. Waarschijnlijk zit die allang voor de deur te wachten tot ze weer wordt binnengelaten. Ze kan zich altijd maar kort in haar eentje in de tuin amuseren, maar mijn oma heeft nog geen geblaf gehoord.

Op de eettafel liggen een paar brieven, rekeningen, telefoon, autoverzekering, stroom. Ze pakt een envelop en probeert het datumstempel op de postzegel te ontcijferen – ergens in augustus. Zonder er nog een blik op te werpen, pakt ze de hele stapel en stopt die in de vuilniszak, die al voor de helft is gevuld. Ze heeft er zelfs aan gedacht om de dieetpillen erin te doen. En alle onderbroeken die al een beetje versleten waren. Dat hoeft toch niemand te weten?

Onder de brieven komt een asbak tevoorschijn, die ze optilt en onderzoekend bekijkt. Lijkt schoon te zijn. Het is een witte, plastic asbak, waarop in zwarte letters, die net als bij een ogentest steeds kleiner worden, is geschilderd: 'Too much sex makes you shortsighted'. Pista heeft die ooit op een of ander vliegveld in Amerika gekocht. Uiteraard Pista. Dat is zijn humor. Hij is ook verantwoordelijk voor de klok die in de keuken aan de muur hangt. Op de wijzerplaat staat: 'No whiskey before 5 o'clock', de wijzers staan altijd op vijf minuten over vijf.

De humor van mijn opa was ongeveer net zo voorhistorisch dubbelzinnig als de cartoons in de *Playboy*.

En net zo onschuldig. Hij vertelde altijd dezelfde grappen, een zeer overzichtelijk repertoire: 'Mijn vrouw heeft benen als van een gazelle,' zei hij bijvoorbeeld en hij voegde er dan na een korte pauze ondeugend aan toe: 'Slank en behaard.' En vroeg iemand hem waarom hij en zijn vrouw elkaar met 'u' aanspraken, dan zei hij het volgende: 'Als ik mijn vrouw met "jij" zou aanspreken, zou ze misschien op de gedachte kunnen komen om mij ook met "jij" aan te spreken. En dat...' – op dat moment schudde hij gespeeld verontwaardigd zijn hoofd – 'dat kan toch echt niet.'

Buiten is nu de hond te horen. Ze klinkt verbolgen. Mijn oma zet de asbak terug op tafel en schuift een stoel recht. Ze kijkt nog één keer om zich heen, veel meer is er in deze ruimte niet te doen. De vitrinekast, met bovenin oude glazen en onderin alcoholische dranken, ziet er als onlangs opgepoetst uit. De stapel bladmuziek op de kleine tafelpiano, die zo ontstemd is dat Pista er al jaren niet meer op heeft gespeeld, ligt netjes op elkaar, 'Diabelli voor vier handen' helemaal bovenop. Ze loopt nog even snel naar het raam en trekt het gordijn recht dat onderaan omgeslagen hing. Zo, denkt ze. En gaat opendoen voor de hond.

*

Ik loop door Budapest en probeer me voor te stellen hoe deze stad vroeger was. Hier en daar heeft het Oostblok lelijke, bruine blokkendozen van gebouwen nagelaten, waarin nu hotelketens zijn gevestigd, maar als je je ogen half dichtknijpt en alles lichtelijk laat vervagen, krijg je enigszins een idee van het verleden. De huizen hebben gewelfde ingangen en binnenplaatsen. Er zijn veel gedenktekens. Op de grote boulevards langs de Donau waait een wind die je haren in je gezicht blaast, wat irritant is. Ik weet nauwelijks iets over dit land. De mensen zijn vriendelijk, maar niet overdreven beleefd. Mannen staren vrouwen na. Vrouwen worden jong dik. Hongaars klinkt gepikeerd.

Ik loop door de stad om te kijken of die ergens een belletje bij me doet rinkelen. Of iets me hier vertrouwd voorkomt, al was het alleen maar de mentaliteit van de mensen. Wanneer ik aan de oever van de Donau sta en de Kettingbrug zie die Pest met Buda aan de overkant verbindt, denk ik me ineens iets te herinneren. Zoals iets wat je tussen waken en slapen in hebt gehoord en dat je nu bekend voorkomt, maar zonder dat je precies weet waar je het van kent. Dan merk ik dat de aanblik me simpelweg aan Praag doet denken. De Donau, de brug, de heuvel aan de overkant. Ja, precies zoals in Praag, alleen niet met zoveel chagrijnige, in het zwart geklede schoolkinderen, die achter hun onderwijzers aan lopen zonder ooit hun blik van hun gymschoenen op te heffen.

Schuin voor het Parlement, dat heel lang is en zo dicht bij de oever van de Donau is gebouwd dat het lijkt alsof de proporties niet kloppen, is een gedenkteken aan de Holocaust geplaatst, aan de massafusillades van Joden die op die plek – en op vele andere –

hebben plaatsgevonden. Het is een kunstwerk dat door zijn gruwelijkheid ontroerend is: op de rand van de kademuur staan zo'n twintig paar schoenen, op ware grootte, in metaal gegoten, de neuzen wijzend naar de rivier. Het ziet eruit alsof iemand de bijbehorende figuren heeft gestolen. Of alsof er na een barbecue niet is opgeruimd. Maar goed. Hier zou het dus kunnen zijn gebeurd, de melancholieke Gizella en de vriendelijke Elemér, het Parlement in de rug, met uitzicht op de heuvel van Buda, links de Kettingbrug, misschien het laatste wat ze hebben gezien. De kade loopt hier steil naar beneden, zeker vier meter, beneden liggen rotsblokken en stenen.

Wanneer ik terug naar mijn hotel loop en de mensen op straat allemaal Hongaars hoor praten, denk ik weer hoeveel ik van die taal houd, ook al versta ik er niets van. De klank van deze taal, het strompelende ritme dat ontstaat doordat de klemtoon altijd op de eerste lettergreep valt, de vele doffe klinkers – het heeft net zo'n geruststellend en vertrouwd effect als een slaapliedje uit je kindertijd. Ik kan zelf helaas alleen met honden in het Hongaars communiceren: *Hol a cica? Megyünk sétálni! Jó kutya, rossz kutya, kis kutya.* Waar is de kat? Ga mee wandelen, brave hond, lelijke hond, kleine hond. Dat is het. Zelfs mijn achternaam kan ik niet juist uitspreken. Toen ik mijn vader een keer opbelde in een hotel in Budapest, verstond de receptionist me heel lang niet, tot ik mijn eigen Hongaarse achternaam met een plat Amerikaans-Engels accent uitsprak. Toen verbond hij me eindelijk door met Mr *Eedohrsjeen*.

Hoe Hongaars ben ik eigenlijk? Mijn tante, die sinds haar negende in Denemarken woont, een Deens paspoort en Deense kinderen heeft, zegt dat ze zich een Budapestse Jodin voelt. Ze draagt een ketting met twee hangertjes eraan: een kruisje en een davidster. Mijn vader voelt zich een Deen, zegt hij, maar hij rekent nog steeds in het Hongaars. Ik heb een Duitse moeder en een vader die zich een Deen voelt maar van afkomst driekwart Hongaars en een kwart Kroatisch is. Mijn vader is van Joodse afkomst, mijn moeder niet. Wat betekent dat voor mij? Wat betekent het om van alles een beetje te zijn? Is het een voordeel om bij het voetballen niet voor Duitsland te hoeven zijn, maar het te kunnen zijn al naar het uitkomt? Zou het niet makkelijker zijn om iets helemaal te zijn, ook al zou het een honderd procent verliezer zijn? Mijn paspoort is Deens, dus ben ik een Deense, maar ben ik dat wel? En waarom zijn het uitgerekend Deense paspoorten die internationaal het vaakst worden vervalst, zodat ik altijd nauwkeuriger wordt gecontroleerd dan anderen?

*

Toen ik nog een kind was, kreeg ik vaak te horen dat ik op mijn oma leek. Ik hoorde dat altijd als ik met deuren smijtend een andere mening verkondigde of alleen maar een pestbui had. Meestal hoorde ik het van mijn moeder, die weliswaar zeer op haar schoonmoeder was gesteld, maar misschien ook een beetje bang was voor haar temperament.

Ze heeft me over mijn eerste bezoek aan mijn grootouders in Kopenhagen verteld. Ik was nog een baby en mijn moeder vond het eten dat mijn oma kookte – Oostenrijks-Hongaarse meelspijzen en vleesgerechten – te zwaar voor mij. Dus ging ze naar de supermarkt om wat groenten te kopen die ze speciaal voor mij wilde klaarmaken. Toen mijn oma dat in de gaten kreeg, was ze ontzettend beledigd. Ze heeft de hele dag geen woord meer tegen mijn moeder gezegd, tegen dat mens dat met haar zoon was getrouwd en voor wie jouw eten, dat je met veel moeite kookte, kennelijk niet goed genoeg was. Mijn opa heeft uiteindelijk de plooien gladgestreken – ik wil wedden dat hij daar gepokt en gemazeld in was. Hij was met mijn moeder gaan wandelen, vertelt ze, en heeft geprobeerd om haar het gedrag van zijn vrouw uit te leggen. Ze was zo nu en dan lastig, zei hij, maar dat kwam voort uit de wens om het iedereen heel erg naar de zin te maken. Alle hoofdrolspelers kennende, zal het uiteindelijk mijn moeder zijn geweest die zich heeft verontschuldigd.

Ik hield met een innige bewondering van mijn oma, hoopte dat ik als door een wonder misschien op een dag op haar zou lijken, qua uiterlijk dan, en zocht naar dingen die ons verbonden, die we met elkaar konden delen. Toen ik een jaar of veertien was en mijn grootste hobby het dwepen met supermodellen was, vroeg ik mijn oma om alles uit Deense geïllustreerde bladen te knippen wat ook maar in de verste verte iets te maken had met Renée Simonsen, een Deens topmodel met ver uiteenstaande ogen en een hoekig, fris gezicht. En mijn oma lachte me niet uit, maar zei: 'Hoe heet ze, wacht, ik pak even een pen,' en een paar weken later kwam de eerste van vele postzendingen met originele Deense Renée Simonsenknipsels.

Later, toen ze al dood was, begon ik te roken, en ik geloof dat dat vooral aan haar nagedachtenis is toe te schrijven. Ik rookte zoals zij. Aan één stuk door, zoals zij. En mijn kleren roken als de hare. En ik ging er nog heel lang mee door, omdat stoppen als verraad aan haar voelde. Zolang ik rookte, dacht ik, stond ik dichter bij haar. Op een gegeven moment ben ik er toch mee gestopt. De angst voor rimpels was sterker.

*

Mijn oma is ondertussen al een keer opruimend door de hele woonkamer gelopen. Ze heeft de boeken in de kast rechtgezet, de kussens op de sofa opgeschud, tussen de dubbele ramen drie dode vliegen weggehaald en zich er nogmaals over verbaasd hoe die daar toch hebben kunnen komen. Het is een eeuwig raadsel voor haar, want de ramen zijn altijd gesloten, als ze luchten, doen ze dat altijd via de terrasdeur. Ze heeft eindelijk het peertje in de hanglamp verwisseld dat al maanden kapot was, heeft de afstandsbediening terug op de televisie gelegd en het scherm met een antistatisch doekje schoongemaakt, dat daarna ook zijn weg naar de vuilniszak heeft gevonden. Onder het buffet heeft ze een haarklemmetje gevonden, en ze heeft geen idee van wie dat is en hoe lang het daar heeft gelegen. En in de spleet tussen de rugleuning en de zitkussens van de sofa is zowaar het kabeltje van haar draagbare cd-speler weer opgedoken, nadat ze een paar weken geleden het hele huis ondersteboven had gekeerd om het te vinden. Zo nu en dan gaf ze op woensdag gymnastieklessen aan oudere mensen. Dat werd door de volkshogeschool georganiseerd en vond plaats in een van die multifunctionele hallen waar dikke, blauwe matten tegen de muren staan en schoenen op de houten vloer piepen. Het werd 'jazzdans voor senioren' genoemd, maar was in werkelijkheid niet meer dan wat kniebuigingen en in een kring lopen op opgewekte muziek die ze op haar cd-apparaat afspeelde. Toen ze dat kabeltje niet had kunnen vinden, had ze haar oude cassetterecorder moeten meenemen, en omdat ze op dat moment al erg laat was, had ze gewoon de cassette meegenomen die er al in zat. Ze hadden toen een uur lang op Smetena moeten gymmen.

Het honorarium was eigenlijk niet meer dan een onkostenvergoeding, maar ze deed het voornamelijk voor haar plezier. Ze vond het fijn om de deur uit te gaan, om haar beroep uit te oefenen, ook al was ze daar eerder als bejaardenverzorgster dan als fysiotherapeute gevraagd. Dat dacht ze altijd als ze de deelnemers bij de tweede oefening al hoorde hijgen en hun rode gezichten zag. Ze vond ouderdom verachtelijk als het duidelijk zichtbaar was: uitstulpende aderen, woekerende levervlekken, slappe, verlepte huid. Terwijl ze luid in het Deens de maat aangaf en haar groep telkens weer vriendelijk vermaande om niet te vergeten uit te ademen, ergerde ze zich inwendig dood. Ze vond eigenlijk dat de aanblik van de meeste mensen daar te veel van haar vergde: vetrollen om de heupen waren volgens haar een teken van een volledig gebrek aan discipline, hangende lappen huid onder de kin vond ze eenvoudigweg dom. Tegenwoordig kon je daar toch wat aan doen, en ze wist niet wat daarop tegen was. Als er bij haar ergens iets esthetisch niet meer acceptabel was, dan zou ze het laten liften. Al heel lang las ze er alles over in de kranten. Maar over het algemeen was ze nog dik tevreden met zichzelf. Ze had goede genen. Ze at met mate. En spataderen liet ze vanzelfsprekend weghalen.

Mijn oma rolt het cd-kabeltje op en legt het op tafel. Als Pista wakker wordt, zal ze hem vragen waar ze het moet opbergen. Wat betreft elektronische apparaten zijn de taken bij hen duidelijk verdeeld. Een korte blik op hem: hij slaapt nog steeds. Zijn hoofd is ondertussen nog verder opzij gezakt, comfortabel ziet het er niet uit, maar hij lijkt heel vredig te slapen. Arme man, helaas zal ze nu moeten stofzuigen, verder is alles al gedaan. Zo zachtjes mogelijk steekt ze de stekker in een leeg stopcontact, houdt zich heel even in – en drukt dan op de knop. Met een luid gebrom slaat het apparaat aan.

Als ze weer naar mijn opa kijkt, is zijn hoofd de andere kant op gezakt.

*

Budapest, mei 1945. De stad lag in puin, de Kettingbrug hing in twee delen opgeblazen in de Donau, maar de oorlog was voorbij en daarmee de onderduiktijd. Mijn oma verhuisde terug naar het huis aan het Oktogon, dat onbeschadigd was gebleven op gesprongen ramen na. Als medebewoonster nam ze een vriendin in huis die 's avonds in een bar piano- speelde en volgens Erzsi een begenadigd entertainster was. Om geld te verdienen werkte mijn oma, die naast Hongaars ook bijna perfect Frans en Duits sprak, overdag als tolk en gids, en 's avonds kelnerde ze in de bar waar haar vriendin pianospeelde. Ze kreeg heel veel fooi, vooral van Amerikanen, vertelt Erzsi, en ze kijkt daar zo samenzweerderig bij, dat het lijkt alsof die kerels het geld in haar bh hebben gestopt. Op die manier kon ze het kindermeisje betalen dat op mijn nog maar een paar maanden oude vader paste.

Mijn oma was toen vijfentwintig jaar oud. Een mooie jonge vrouw wier leven door een oorlog was onderbroken toen dat net op het punt stond echt te beginnen. Ze leefde wel, maar goed was het niet. Haar ouders waren dood, en haar man? Krijgsgevangenen en mensen die in de concentratiekampen waren bevrijd, keerden naar Budapest terug – maar geen enkel bericht van mijn opa. Met elke dag dat hij niet verscheen, werd het onwaarschijnlijker dat hij nog leefde. Het werd mei, het werd juni, het werd juli.

Erzsi zegt dat ze mijn oma in die tijd voor het eerst over zelfmoord heeft horen spreken. Ze heeft tegen haar gezegd dat ze zich, als Pista niet terugkwam, van het leven zou beroven. Ondanks haar kind? Met kind? Hoe serieus meende ze dat toen?

Ik herinner me een citaat van Nietzsche dat ik een keer op school in de religie- en ethiekles heb gehoord en later nergens meer kon terugvinden. Het zou ook van Sartre kunnen zijn geweest. Het komt erop neer dat er in het leven altijd, op elk tijdstip, precies drie mogelijkheden zijn: je kunt iets doen, je kunt het laten zoals het is of je kunt zelfmoord plegen. Is dat een gedachte die kracht geeft? Omdat daarbij alles, ook slechte tijden, als een vrijwillige keuze wordt gezien? Heeft de gedachte aan zelfbeschikking over het einde van het leven mijn oma een goed humeur bezorgd? Haar de zekerheid gegeven nooit meer over-geleverd te zijn aan anderen? Haar onafhankelijk gemaakt van grote angsten – je hoeft tenslotte niets te verduren wat je niet wilt verduren, geen ziekte, geen ouderdom, geen gebreken?

*

Op 4 mei 1945 werd het kamp Gunskirchen door de Amerikanen bevrijd. Op het internet lees ik ooggetuigenverslagen van Amerikaanse soldaten. Ze vertellen over duizenden tot skeletten vermagerde mannen, bijna gek van honger en dorst, te zwak om de doden op te ruimen die om de paar meter lagen en al in staat van ontbinding verkeerden. Het was een warme mei, het moet er verschrikkelijk hebben gestonken. Twee dagen voor de bevrijding heeft de ss het kamp verlaten, alleen al in die twee dagen zijn er naar schatting tweeduizend mensen gestorven. Er was een vlektyfusepidemie uitgebroken, mijn opa behoorde tot de zieken voor wie er geen medicijnen, geen water, geen eten beschikbaar waren. Voor zover wij weten, was mijn opa nog een tijdje aan het ziekbed gekluisterd. Pas daarna heeft hij zich op weg naar huis kunnen begeven. Voor zover wij weten, te voet. Op 10 juli kwam hij in Budapest aan. Het was de verjaardag van mijn oom István, die nu in Melbourne woont. Hij herinnert zich die dag nog precies, althans, hij herinnert zich in elk geval zijn herinnering daaraan (hij werd die dag drie jaar): de tafel was feestelijk gedekt en er was ook een bord voor mijn opa neergezet, voor het geval hij toch nog terugkwam. En toen werd er daadwerkelijk geklopt, of de bel ging. Ze deden open en voor de deur stond, uitgemergeld en met een lange baard, mijn opa. Hij was nauwelijks te herkennen, maar hij leefde, hij was het, hij was er weer.

*

Mijn oma staat in de slaapkamer voor de klerenkast en denkt na. Ze heeft zojuist een brief aan haar vriendin Erzsi geschreven die haar aan het huilen heeft gebracht. Eigenlijk was ze van plan geweest het heel nuchter aan te pakken, zoals alles vandaag, een dag zoals alle andere, een van die zondagen waarop je wat dingen moet afmaken. Maar toen had ze de zin 'Vergeet me niet' opgeschreven. Ineens stonden die drie woorden in haar naar rechts hellende handschrift in inkt op het vel papier, een andere afscheidsgroet had ze niet kunnen bedenken. Toen waren haar ogen nat geworden, en een paar tranen had ze niet binnen kunnen houden en waren langs haar wangen gelopen. Gelukkig had Pista het niet gemerkt. Zijn regelmatige gesnurk was tot in de keuken te horen geweest. Vergeet me niet – nee, Erzsi mag haar niet vergeten, zoals zij Erzsi nooit zou vergeten als het andersom was geweest. Erzsi, haar kleine vriendin Erzsi, sinds de lagere school haar enige vertrouweling, behalve Pista natuurlijk, maar dat is iets anders.

Ze ondertekende de brief, en net toen ze hem in een envelop wilde stoppen, bedacht ze ineens dat het aardig zou zijn om wat voor Erzsi's dochter, Klarí, mee te sturen. Waar zou ze blij mee zijn? Door deze vraag was mijn oma ten slotte, nadat ze een relatief nieuwe fles parfum te ingewikkeld vond om te versturen, in de slaapkamer voor haar klerenkast beland. Zou dat rode gebreide jasje, dat Pista ooit voor haar in Parijs had gekocht, iets voor haar zijn? Nee, besluit ze, te elegant. Dat geldt eigenlijk voor bijna alles wat zich in haar klerenkast bevindt, want je kunt Klarí van alles noemen, maar beslist niet elegant. Uiteindelijk trekt mijn oma een turkooizen jogging-broek tussen een paar opgevouwen kledingstukken onder in de kast tevoorschijn. Hij is zo goed als nieuw. Praktisch niet gebruikt. En Klarí ziet eruit, denkt mijn oma, alsof een beetje sporten haar geen kwaad zal doen. Ze controleert de broek nauwkeurig, en als ze geen grote vlekken of gaten heeft kunnen ontwaren, gaat ze op zoek naar een envelop die groot genoeg is.

*

Stingy – dat is het woord dat Erzsi gebruikt. Ik moet het opzoeken: stingy – vrekkig, krenterig, schraperig. Haar dochter Klarí is binnengekomen en naast haar moeder gaan zitten, die er merkwaardiger-wijs, misschien omdat ze zulke opvallende lippenstift gebruikt, veel jonger uitziet dan haar dochter, die totaal geen make-up op heeft. (Let op: boven de tachtig veel lippenstift gebruiken.) Beiden lachen wanneer ze over de joggingbroek vertellen die mijn oma voor Klarí had meegestuurd. Zo'n zuinig cadeau, lachen ze, een tweedehands joggingbroek waar de knieën al helemaal in zaten.

De beide vrouwen op de sofa hebben zoveel plezier om de krenterigheid van mijn oma, dat ik me er onge-makkelijk onder begin te voelen. Per slot van reke-ning is ze dood. Én mijn oma. Maar ik weet wel wat ze bedoelen. Ze liet mijn ouders gezinsverpakkingen van het merk 'Nur 1 Tropfen' uit Duitsland sturen, omdat zulk goed mondwater niet in Denemarken te krijgen zou zijn. Wie ooit met het vliegtuig reisde, moest in de belastingvrije winkels altijd een slof Prince Denmark voor haar kopen. En Erzsi vertelt dat mijn oma wilde dat zij naainaalden uit Amerika opstuurde. Naainaalden! Om hoeveel geld kan het daarbij zijn gegaan?

Mijn vader zegt dat sparen haar hobby was. Echt een passie. Het gaf haar erg veel voldoening als ze in tweedehandswinkels spullen vond die er als nieuw uitzagen. Zij was in het gezin degene die het geld beheerde. Mijn opa stond zijn hele salaris aan haar af, en als hij iets voor haar verjaardag wilde kopen, moest hij eerst haar goedkeuring krijgen voor de hoogte van het bedrag voordat ze hem het geld gaf.

We hebben allemaal haar zuinigheid aan den lijve mogen ondervinden. Voordat je een cadeau van haar kreeg, sloeg de schrik je altijd al om het hart: waar zou je deze keer niet blij mee zijn? Ik herinner me t-shirts die veel te klein waren en waaraan je kon ruiken dat ze lang in het huis van mijn grootouders hadden gelegen (ze roken alsof ze in een vuile asbak waren bewaard). Een boek dat er gelezen uitzag. Een fles badschuim die niet helemaal vol was. En mijn oma vroeg altijd wat je ervan vond. Of je er blij mee was, of je een prent ook had opgehangen, en als ze de keer daarop op bezoek kwam, wilde ze het zien. Zelfs als je er een keertje wel blij mee was, had je het gevoel dat je moest doen alsof je blij was, want 'hartelijk bedankt' was niet voldoende voor haar, ook al zei je het uit de grond van je hart. En zodra zich een gelegenheid aandiende, verdraaide ze je woorden, daar was ze een meesteres in. 'Ben je er blij mee?' – 'Ja, heel erg!' – 'Ga je hem dragen?' – 'Ja, zeker.' – 'Ik wil graag zien hoe hij je staat, stuur me er een foto van.' – 'Ja, doe ik.' – 'En zitten de mouwen niet te strak?' – 'Helemaal niet, hij past perfect.' – 'En zo'n trui had je nog niet?' – 'Nee.' – 'Waarom had je zo'n trui dan nog niet, hou je niet van sweatshirts?' – 'Jawel, ik vind sweatshirts heel mooi, dank u wel.' Enzovoort.

*

Ik ontmoet Erzsi op twee achtereenvolgende ochtenden. Onze gesprekken schijnen haar te vermoeien, hoe langer we praten, des te langer worden de pauzes, en ik weet dan niet zeker of ze alleen maar nadenkt of over het onderwerp is uitgesproken. 'You have to ask something,' verzoekt ze me meerdere keren nadrukkelijk. De uitgedoofde sigaretten in de asbak zijn aan de filters rood van haar lippenstift.

Wat was mijn oma voor iemand?

'Ze had twee persoonlijkheden,' zegt Erzsi. 'De ene was heel vormelijk. Was gesteld op statussymbolen. Het traditionele beeld van vrouwen. Perfect gedrag, spreekt haar man met "u" aan, officieel niet communistisch, niet Joods, modelkinderen. Alles bij elkaar een groot succes. De andere kant heeft ze alleen aan mij laten zien. Dan dolde ze. We hebben veel gelachen. Ze was dan als een tiener. *Relaxed.* Vrolijk. We hebben over van alles gepraat, over van alles, echt van alles. Als we elkaar ontmoetten, dronken we al bij het ontbijt alcohol, sterke alcohol, slivovitsj of zo. Maar...' Ze kijkt me onderzoekend aan, alsof ze zeker wil weten dat ik de waarheid aankan. 'Ze was geen gelukkig mens. Ze was diep vanbinnen heel onzeker. Ze dacht dat niemand haar aardig vond. Dat was haar idee-fixe. Ze dacht dat geen mens ter wereld haar graag mocht. Niemand behalve Pista.'

Ik ben verrast. Dat was nooit in me opgekomen. Ik probeer wat Erzsi zegt in overeenstemming te brengen met het beeld dat ik van mijn oma heb. De mooie doktersvrouw, de succesvolle moeder, de elegante gastvrouw, de uitstekende kokkin, de amusante tafeldame, die interessante, intelligente, temperamentvolle, soms arrogant optredende vrouw zou in werkelijkheid uiterst onzeker zijn geweest? Zich ongeliefd en eenzaam hebben gevoeld?

Hoe zeg je dat in het Engels: *it does ring a bell.*

Het diepst in mij gewortelde gevoel dat ik ken, is het gevoel er niet bij te horen. Het is het gevoel waarmee ik ben opgegroeid. Het is een naar gevoel en ik weet ook helemaal niet waar het vandaan komt. Sinds ik kan denken, voel ik me alsof ik te veel ben. Alsof iedereen gelukkiger zou zijn zonder mij, niet alleen mijn familie, maar ook mijn vrienden, eigenlijk iedereen, altijd. Ik voel me alsof ik uit de toon val. Alsof iedereen rond is en ik hoekig of andersom. Niemand houdt van me, niemand kan van me houden: daar ben ik diep vanbinnen van overtuigd en tegelijkertijd is het mijn grootste angst. En als ik daar helemaal in duik, kom ik bij het gevoel dat me zo vertrouwd is als geen ander gevoel: ik ben helemaal alleen.

Het is alsof Erzsi me een schat heeft geschonken. Wat een nieuws: mijn oma voelde zich net als ik. Het liefst zou ik onmiddellijk alle mensen willen bellen die ik ken en tegen allemaal zeggen: ik ben niet gek. Ik ben alleen maar de kleindochter van mijn oma: zij had het ook. Ze was net als ik. Ik ben zoals zij. Hoera. Ik zou Erzsi wel kunnen omarmen, ik zou haar het liefst optillen, die bevallige kleine gestalte, en met haar door de kamer dansen. Ik doe het niet. Zo erg overdondert me dit nieuwe inzicht, zo diep raakt het me vanbinnen. Bovendien wil ze waarschijnlijk helemaal niet worden opgetild. Ik blijf dus zitten en doe alsof er niets aan de hand is.

En ineens begrijp ik ook de liefde van mijn grootmoeder, die zo op één persoon was gericht, zo behoeftig, zo groot, en die uiteindelijk níét onvoorwaardelijk was: bewijs me dat ik me vergis; bewijs me dat ik het toch waard ben liefgehad te worden, dan zal ik voor altijd bij je blijven, ik zal je volgen tot in de dood.

En ineens kan ik me ook voorstellen waarom ze niet zonder hem wilde leven, waarom ze samen met hem stierf.

*

Mijn grootmoeder staat, nog steeds met haar schort om, in de keuken en zoekt in de voorraadkast naar een pakje gedroogde gist. Ze weet absoluut zeker dat ze nog wat had, hoewel, absoluut zeker is ze misschien toch niet. Het is al behoorlijk lang geleden dat ze wat heeft gebakken, maar eigenlijk heeft ze altijd wel wat in huis, dus moet het ergens zijn, hier, nee, dat is vanillesuiker, misschien in de la met de bakblikken? Ze trekt de la onder de koelkast open – plotseling klinkt uit de kamer ernaast een luide knal. Daarna de stem van mijn opa die lucht geeft aan een weinig fraai, Hongaars scheldwoord. Hij is dus wakker geworden. Mijn oma loopt naar de kamer ernaast, de hond volgt haar op een veilige afstand.

Mijn opa staat naast de piano, voor hem op de grond ligt de stapel bladmuziek die ervan af moet zijn gevallen. 'Ik snap het ook niet,' zegt hij verontschuldigend. De verwachte berisping blijft uit. '*Shit happens*,' zegt mijn oma alleen maar en ze raapt de muziekboeken weer op. Ze had ook 'Tel Aviv' kunnen zeggen, haar tweede lievelingsuitspraak, een bewuste verhaspeling van *C'est la vie*. Verder beperkt haar humor zich voornamelijk tot het ook bij de honderdste keer nog gelijkmoedig verdragen van de grappen van mijn opa. Ze legt de stapel bladmuziek terug op de piano. 'U moet u aankleden als u mee wilt gaan,' zegt ze. 'Ik heb een broek en een hemd voor u klaargelegd.' Daarna loopt ze weer terug naar de keuken, de hond twee passen achter haar.

In de baklade vindt ze inderdaad nog een onaangebroken pakje droge gist. 'Kijk eens aan,' zegt ze hardop. Ze doet de koelkast open en pakt eieren, een pakje boter en een liter melk. Dan kijkt ze in het boekje dat opengeslagen op de keukentafel ligt, en leest met haar wijsvinger regel voor regel volgend wat daar in haar eigen handschrift staat geschreven. Uit de woonkamer klinkt ineens pianomuziek. Eerst een vals akkoord. Daarna de *Nocturne in c-klein* van Chopin, een stuk waar je jezelf geweldig doorheen kunt smokkelen door handig gebruik van de pedalen te maken, loopjes te laten vervloeien, trillers te laten wegsterven onder ingehouden akkoorden, een dankbaar stuk voor mensen die niet regelmatig oefenen.

Mijn oma laat boter au bain-marie zacht worden, scheidt dooier en eiwit van twee eieren en roostert maanzaad kort in de pan voordat ze die in de vijzel fijnstampt. Omdat maanzaad in Denemarken onder de Wet Verdovende Middelen valt en ze dat altijd op recept bij de apotheek moet kopen, een recept dat mijn opa uitschrijft, is ze er normaliter zuinig mee. Vandaag niet. Ze gooit een kopje maanzaad meer in de pan dan het recept voorschrijft en moet glimlachen als haar ineens te binnen schiet dat het gebak waarschijnlijk een heel kalmerend effect zal hebben. Ze heeft alleen niet aan een onbespoten citroen gedacht. Maakt niet uit. Dan neemt ze maar een bespoten, niemand zal daardoor worden vergiftigd, denkt ze en ze raspt behendig de schil. Daarna schudt ze de inhoud van het zakje droge gist in een schaal en voegt er al roerend water en suiker aan toe.

In de kamer ernaast struikelt mijn opa zojuist voor de vierde keer over hetzelfde loopje. 'Speel alstublieft door!' roept mijn oma vanuit de keuken. 'Dat kennen we nu wel.' Ze houdt de hond een lepel voor waaraan nog wat deeg kleeft. 'Mmm,' bromt ze. 'Lekker.' De hond ruikt voorzichtig aan de lepel en is niet genegen het uit te proberen. Uit de woonkamer dreunen ineens de akkoorden van de *Bruiloftsmars* van Mendelssohn Bartholdy, forte-fortissimo. De piano is een beetje ontstemd, het klinkt als een versleten geluidsspoor.

'Pista!' roept mijn oma. Ze is in een goede stemming. Zomaar ineens voelt ze zich zo.

Mijn opa schijnt haar niet te hebben gehoord, een beetje vals maar onverstoorbaar speelt hij in de maat door.

'Pista!' roept ze nu luider.

Het pianospel verstomt.

'Ja?' roept hij terug.

'Ik hou ook van u, hoor!' roept ze.

'Wat zegt u?' roept hij.

'Ik hou ook van u, hoor!' roept ze nog een keer. Ze doet de deegmassa samen met het meel en de zachte boter in een kneedmachine en zet hem op de hoogste stand. Het deeg moet zo glad worden dat het niet meer aan de bak blijft kleven. Zo staat het in het recept. Als ze het apparaat uitzet, is er geen piano meer te horen. Mijn opa staat in de deuropening.

'Wat zei u?' zegt hij.

Haar goede stemming ebt wat weg, steeds dezelfde

vraag beantwoorden, vindt ze vervelend.

'Na het bakken gaan we meteen weg,' zegt ze. Ze heeft geen zin meer in grapjes.

'Goed,' zegt hij. 'Wat ruikt hier toch zo lekker?'

'Ruikt het lekker?' vraagt mijn oma. 'Misschien het maanzaad.'

'Is dat *beigli*?'

'Ja.'

'Voor ons?'

'Voor Kerstmis.'

'Mag ik proeven?'

Ze zegt 'Afblijven', maar ze blijft rustig staan en wacht tot mijn opa zijn wijsvinger in het deeg heeft gestoken en geproefd.

'Hmmmm,' bromt hij.

'Zo, en nu weg.' Ze zet de oven op de hoogste temperatuur en op de convectiestand. Nu moet ze snel werken, het deeg mag niet rijzen. Mijn oma verdeelt het in vier gelijke porties, haalt uit een la een deegroller en rolt elke portie uit tot een rechthoekige plak.

'Mucika...' Mijn opa staat nog steeds in de keuken. 'Wilt u er niet nog een keer over nadenken? U zou de kerst...'

'Alstublieft, ik heb het druk, ziet u dat niet?' valt ze hem in de rede terwijl ze in een la naar een houten lepel zoekt. Aha, daar ligt er een. Ze pakt hem, schept de vulling op, deponeert op elk van de vier deegplakken een flinke kledder en strijkt die in de lengte uit.

'U zou de kerst in München kunnen doorbrengen,' zegt hij.

Mijn oma pakt de eerste bestreken deegplak met haar vingers aan de lange kant op en rolt hem als een biscuitgebaksrol op.

'Of bij Erzsi. U zou niet alleen zijn.'

Dan de tweede.

'Hou op.' Het klinkt dreigend.

Vanuit de deuropening kijkt mijn opa naar wat mijn oma doet. Ze heeft weinig handelingen nodig om het voor elkaar te krijgen, niets gaat ernaast, de maanzaadvulling komt precies tot aan de zijranden, niets loopt eruit. Ze rolt de derde plak op.

'Maar ik vind dat u...'

Daarna de vierde.

'Pista, trekt u alstublieft iets aan. Het is veel te koud hier. En hou nu op. Het antwoord is nee.'

Ze kijkt nog één keer in het recept dat ze niet uit haar hoofd kent, omdat ze dit gebak maar één keer per jaar maakt, normaliter pas in november, maar goed, je kunt het invriezen. Mijn opa verdwijnt uit de deuropening. *30 tot 45 minuten in de oven bakken*, leest ze, *of tot het bruin is*. Ze pakt de ovenhandschoenen van de haak, doet de oven open, trekt er een bakblik uit, legt er bakpapier op en daarbovenop de vier deegrollen, en schuift het in de oven. Ze stelt de ingebouwde klok in op dertig minuten.

'Halfuur!' roept ze.

'Welke sokken moet ik aantrekken?' roept hij uit de slaapkamer terug.

*

Sprong naar Parijs. Hier, in een rustige zijstraat van de Rue de Rivoli, in het 1e arrondissement, woont een verre verwante van mijn oma, hoe ver weet ze zelf niet. Illi heet ze, en ze lijkt zelfs wel wat op mijn oma, dezelfde hoge oogleden, dezelfde als getekend lijkende wenkbrauwen, dezelfde korte wimpers. Over een paar dagen wordt Illi negentig jaar. Ze woont op de vijfde verdieping, er is geen lift, elke dag loopt ze de steile, gebogen trap meerdere keren op en af. Dat houdt jong, zegt ze en ze trekt er een gezicht bij alsof ze een klein meisje is dat iets ontzettend geks heeft gezegd.

Ik heb haar al een keer eerder ontmoet, in 1990, toen ik een halfjaar in Parijs zat. In die tijd interesseerde ik me niet zo voor deze enigszins excentrieke oude dame aan wie ik verwant zou zijn. Eén keer ben ik bij haar op bezoek geweest, ik had een vriendin meegenomen, we bleven beleefd ongeveer een uur zitten, daarna vertrokken we weer, en ik dacht niet meer aan haar.

Illi is in Wenen geboren en heeft daar haar jeugd doorgebracht; in het begin van de jaren dertig heeft ze in Berlijn gewoond, heeft in Charlottenburg op school gezeten en is toen 'vanwege die Hitler', zoals zij het zegt, naar Budapest verhuisd. Vanaf 1936 woonde ze daar.

Ze heeft hen allemaal gekend, de ouders van mijn oma, de ouders van mijn opa, aan een van hen was ze per slot van rekening verwant. Haar kan ik vragen wie ze waren, al die mensen die voor mij alleen maar namen zijn.

Gizella Fellner, de melancholieke zioniste, de moeder van mijn oma. Hoe was ze?

'Die Giza?' vraagt Illi. 'Aardig was ze, heel aardig. En mooi.'

En haar man, Elemér?

'Die was zo lief,' zegt Illi.

Als ik doorvraag, vertelt ze een beetje meer. Gizella, die uit Kroatië afkomstig was, heeft nooit zonder accent Hongaars gesproken. Ze was depressief en is naar een psychoanalyticus gegaan. 'Nou, dat was de belangrijkste man in haar leven.' Ze was heel zuinig (zij dus ook!) – Illi is zo beleefd haar niet vrekkig te noemen. Hoewel Gizella het zich kon permitteren om vers brood te kopen, kocht ze bij de bakker alleen etenswaren van de vorige dag, zelfs cake die al veel te droog was. In de familiekring werden daar vaak grappen over gemaakt. Haar dochter moest het ooit beter krijgen, voor haar spaarde ze. En haar gouden regel was een Hongaars gezegde: 'Hoeveel je ook hebt, je kunt altijd meer krijgen – hoe goed iets ook is, het kan altijd beter.' Illi zegt het ook in het Hongaars. Ze is blij dat ze het nog kan citeren.

En Elemér?

Dat was de aardigste mens ter wereld. Ingenieur bij het spoor. Iedereen hield van hem, vooral Vera, zijn enige kind. Omdat Gizella zo erg op de centen was, konden ze zich een mooi koophuis in Budapest veroorloven. Waar dat precies stond, weet ze niet meer, en ze schijnt ook geen zin meer in herinneringen te hebben, ze verandert in elk geval van onderwerp en vertelt in plaats daarvan iets over de mensen die nu hier in Parijs in de woning naast haar zijn getrokken en die ze niet mag.

Ik zit op het randje van mijn stoel, die ik met een gremlin-figuur ter grootte van een baby moet delen en die achter me zit en de rugleuning voor zichzelf heeft opgeëist. Ze heeft reusachtige vleermuisoren en bruine plastic voeten, en ik probeer niet tegen haar aan te stoten, omdat ik er eerlijk gezegd een beetje van gruwel. De hele woning staat vol poppen. Poppen in klederdracht, kleurige stoffen figuren, plastic barbies, pluchen beesten, stripfiguren, baboesjka's – geen hoekje of gaatje waarin er niet één staat of zit, in volgorde van grootte zijn ze in rijen op planken naast elkaar gezet, zitten op tafels, dressoirs, kijken je vanaf de vensterbanken en bankleuningen aan. 'Mijn schatjes,' noemt Illi ze, het zijn er zeker meer dan duizend.

Tijdens de Duitse bezetting had ze nauwelijks contact met mijn oma, vertelt ze. Ze was in die tijd nagenoeg niet in Budapest, daarom weet ze ook niet waar mijn oma zat ondergedoken. 'Misschien in de kelder, aan het Oktogon?' Ze zegt het vragend. Dat Gizella en Elemér zijn doodgeschoten, weet ze. Ze knikt althans als ik het aansnijd. Ze weet alleen niet meer hoe ze dat heeft gehoord, ze weet er ook het fijne niet van, en mijn oma heeft er ook nooit met haar over gesproken.

Ineens verandert ze van onderwerp.

'Ach,' zegt ze, 'ooit had een groep Joden zich drie dagen in de synagoge verstopt, niemand wist dat ze daarbinnen zaten. En toen werden ze gevonden. De ene helft is doodgeschoten en in de Donau verdwenen, de andere helft is vrijgelaten. Hé, wil je niet nog een stuk chocola, hier, ik ben er verslaafd aan, wist je dat, ik ben er dol op, neem nog een stuk.' Ze schuift een aangebroken tablet schuin over de tafel, waarmee het gesprek weer op iets anders is gebracht, of het is op zijn minst onderbroken. Dat komt me bekend voor: daar praten we niet over, het is onaangenaam en ook al heel lang geleden gebeurd.

Telkens staat Illi weer op, ze loopt enigszins scheef, er is iets met haar heup, maar ze is snel ter been. Niet veel later komt ze dan met iets nieuws terug dat ze uit een van de verborgen hoekjes in haar woning onder het dak heeft gehaald. Een andere soort chocola. Een paar schoenen dat ze niet meer nodig heeft. Foto's.

'Hier, kijk, dat ben ik twee weken geleden in New York.'

Ze laat me foto's zien waarop ze samen met een jongeman op het Empire State Building staat. De jongeman heet Felix, is steward bij Swiss Air, vertelt ze, homo en haar 'beste vriend'. Even later leest ze een brief voor die Felix haar heeft geschreven. Een liefdesverklaring aan zijn vriendin Lizzi, die 'van chocolade houdt en altijd gestreepte sokken draagt'. Illi lacht terwijl ze het voorleest. 'Ik draag altijd gestreepte sokken, wist je dat?' Ze steekt één been in de lucht en trekt haar broek een stukje omhoog, en inderdaad, er komt een blauw-grijs gestreepte sok tevoorschijn.

Hoe heeft ze zelf de Holocaust overleefd?

'Wat? Ik?'

Ze maakt een afwijzend gebaar met haar hand, alsof ze wil zeggen dat dat toch allemaal niet zo interessant is. Maar nou ja, goed dan: 'Ik was toen drie maanden in Engeland, en daarna weer terug in Budapest, en papá' – ze spreekt dat woord uit met de klemtoon op de tweede lettergreep, zoals Romy Schneider in *Sissy* – 'papá kende de Zwitserse consul en toen hebben we Zwitserse *Schutzpässe*, beschermende passen, gekregen, en toen mocht niemand ons huis meer in, maar toen moesten we toch weg. En toen zijn we naar Zwitserland gegaan. Mijn ouders wilden dat ik een Zwitserse opleiding in het bankvak ging volgen.' Ze knijpt haar ogen dicht en steekt haar tong uit. Kennelijk vindt ze het nog steeds een onvoorstelbaar idee. 'Een bankopleiding! Ik!'

Ja, zo gaat dat. De Holocaust woedt, met honderden en duizenden tegelijk worden Joden in treinen naar Auschwitz afgevoerd en vergast – en anderen kennen iemand die hun valse paspoorten bezorgt en maken ruzie met hun ouders over volstrekt normale dingen in het leven.

Ze spreekt een soort Duits dat eigenlijk niet meer bestaat. Het is lichtelijk Oostenrijks getint, zo'n Hotel-Sacher-portier-taalmelodie, waarbij de klemtoon op de klinkers wordt gelegd. Men stevent op elke 'a', elke 'o' af om hem even niet meer los te laten, het klinkt ouderwets en aanstellerig, maar wel charmant. Ze gebruikt woorden zoals 'dolletjes' en 'lachkrampen' en de Bösendorfer stond vroeger bij hen thuis in de 'salon'.

Mijn vader heeft me verteld dat Illi in de familie altijd al als enigszins zonderling werd beschouwd. Men vond haar aardig, dronk thee met haar en was opgelucht als ze weer vertrok. Een grillige persoonlijkheid die over de wereld reisde in plaats van kinderen te baren, en het voor elkaar kreeg om in Parijs te wonen zonder ook maar een vleugje elegantie over te nemen.

Wist u dat mijn opa in Mauthausen heeft gezeten?

'Waar?'

In Mauthausen, in het concentratiekamp.

'Ik herinner me alleen dat hij in een oorlog heeft gediend... O, ja, in Korea.'

Ja, maar dat was veel later.

'Later, ja.'

Nee, ik bedoel in de Tweede Wereldoorlog.

Er valt een stilte. Ik wil haar geen gesprek opdringen dat ze niet wil voeren. Misschien is het leven ook langer mooi als je niet te veel achteromkijkt. Misschien weet ze echt heel veel niet.

Ik had haar zo graag nog gevraagd hoe mijn oma als jonge vrouw was, hoe de situatie tijdens het communisme voor Joden was – maar nu ik hier zo zit, besef ik dat ik de antwoorden die ik had gehoopt te krijgen, niet van haar zal krijgen. Je oma was zo mooi, zegt ze, ze zegt het meerdere keren, zo mooi. Mijn overgrootouders zo lief. Het einde 'zo'n schok'. Ze bedoelt de dood van mijn grootouders. Ze vertelt dat ze menigmaal samen met mijn oma tot diep in de nacht zat te kaarten, rummy. Om geld. Ze lacht. Maar ze wil liever over Felix vertellen, haar steward met wie ze haar volgende reis naar Oman gaat maken.

Ik probeer het gesprek nog één keer een andere kant op te sturen. Tot wanneer hebt u in Berlijn gewoond, vraag ik.

'In 1936 zijn we vertrokken. Hé, ik weet een mop. Die is uit die tijd. Een Joodse familie wil een nieuwe huishoudelijke hulp in dienst nemen. Er komt een vrouw langs en ze zeggen onmiddellijk tegen haar dat het hun vreselijk spijt, maar dat ze tegen haar moeten zeggen dat ze hier bij een Joodse familie is. En dan zegt die vrouw: "Ach, Joods of niet, dat maakt me helemaal niet uit. Hoofdzaak is dat u arisch bent."' Ze lacht. 'Maar is het nu beter in Duitsland?' vraagt ze, ineens serieus.

De situatie voor Joden?

'Ja?'

Ja, vergeleken bij 1936 is er duidelijk wel wat verbeterd, zeg ik. En weer verandert ze van onderwerp.

*

Als ik de levensgeschiedenis van mijn grootouders zou moeten indelen, zou het eerste grote hoofdstuk eindigen met het einde van de Tweede Wereldoorlog. Het tweede zou de titel 'Communisme' krijgen en zou de jaren van 1945 tot 1956 omvatten. Ik weet weinig af van die jaren. Hongarije veranderde in een socialistische staat, het Warschaupact, het IJzeren Gordijn, zo vaag is dat voor mij. Waarschijnlijk zouden mijn grootouders daar bij wijze van uitzondering wel over hebben verteld als ik ernaar had gevraagd, maar ik heb het niet gevraagd. Ze woonden toen in Hongarije. Hij was arts, zij fysiotherapeute, mijn vader een jongetje, mijn tante een klein meisje. Ze woonden in een huis, in de zomer gingen ze op vakantie, 's avonds gingen ze naar bed. Wat had ik hun nou moeten vragen?

In Zürich woont een vrouw, Julia, bijgenaamd Julika, die aan het begin van de jaren vijftig met mijn grootouders bevriend was. Haar eerste man, Tamás, van wie ze zich halverwege de jaren vijftig heeft laten scheiden, was een jeugdvriend van mijn oma. 'Misschien hebben ze zelfs wel met elkaar gevreeën, dat weet ik niet, dat interesseerde me niet,' zegt ze door de telefoon, want wat ooit was, is verleden tijd en is gebeurd voordat zij haar man ontmoette en mijn oma mijn opa. Samen met hen en nog een echtpaar vormden ze een kleine Budapestse vriendenkring, een kliekje van drie gezinnen. Ze woonden slechts vijf minuten lopen van elkaar vandaan, in het centrum van Budapest, in de buurt van de opera. De drie mannen waren allemaal arts – een tandarts, een huisarts en een orthopedist – ieder paar had twee kleine kinderen van ongeveer dezelfde leeftijd. En de drie mannen waren ook allemaal lid van de Communistische Partij.

Ik vraag haar of ze denkt dat mijn opa een overtuigde communist was.

'Kom nou toch,' zegt ze. Niemand geloofde in wat voor ideaal dan ook, 'in elk geval niet in die kringen'.

Puur uit opportunisme sloot men zich bij de partij aan, omdat men hoopte op die manier werk te kunnen krijgen en geen gevaar te lopen.

Ik vraag haar of daarbij ook een rol speelde dat ze alle drie Joods waren. Ik had gelezen dat Joden in Hongarije ook na het einde van de Duitse bezetting als tweederangsburgers werden behandeld. 'Weet je,' zegt ze, 'we hebben daar nooit over gesproken. We hebben allemaal zo het een en ander meegemaakt. Tegenwoordig maken ze er altijd zo'n heisa van als iemand met geweld te maken heeft gehad. Ik ben door zeven Russische soldaten verkracht. Ik was toen zwanger en dat kon je al zien, en ze hebben erop gelet dat de baby niets overkwam. Ik kon er niets tegen beginnen. Er waren geen getuigen. We gingen zulke onderwerpen in die tijd uit de weg. Voor ons begon het leven in 1945.'

Was het een goed leven, dat nieuwe?

'Ja,' zegt ze. 'We hadden het goed.' Ze vertelt dat ze toen vaak uitstapjes maakten. De drie gezinnen bezaten allemaal een auto, chique auto's waren dat, slechts weinig Hongaren konden zich zulke auto's permitteren, en daarmee gingen ze de stad uit. En als ze dan 's middags ergens wat wilden eten, zei men vaak tegen hen, nee, helaas, er is niets te eten, nee, ze konden zelfs geen eieren aanbieden. 'Wij zeiden dan altijd dat de armoede op het platteland toch wel heel erg groot was,' vertelt ze, 'er zijn niet eens eieren, wat een ramp.' Pas veel later, eigenlijk nog maar een paar jaar geleden, kreeg ze argwaan en dacht dat ze hoogstwaarschijnlijk wel eieren hadden gehad – ze wilden die alleen niet aan hen serveren, aan die mensen die overduidelijk partijleden waren, die zich als politieke bonzen gedroegen en in hun dure auto's met hun schattige kinderen en in hun mooie kleren kwamen voorrijden. 'We waren naïef,' zegt ze, 'vooral wij vrouwen interesseerden ons niet in het minst voor politiek.' Ze herinnert zich echt maar één keer dat iemand zich uit haar omgeving negatief over de communisten uitliet. Een Duitse architect die betrokken was bij de bouw van het nieuwe ministerie van Binnenlandse Zaken. Die vertelde dat er in opdracht van de regering in de kelder een gat was aangelegd dat op de Donau uitkwam. Daar konden ze slachtoffers van martelingen spoorloos door laten verdwijnen. Ze had zich er toen over verbaasd dat hij dat zo openlijk vertelde, verder had ze er niets bij gedacht.

Ze weet dus niet hoe mijn grootouders politiek dachten?

'Er was indertijd een mop: "Twee Hongaren komen elkaar tegen. Zegt de een, hé, ik ga nu naar het Zien-Horen-Instituut. Zegt de ander, aha, en wat is dat? Waarop de eerste zegt: ik hoop dat ze me daar kunnen helpen – want ik zie niet wat ik hoor."'

Daar moesten ze toen in Budapest om lachen.

*

Dit heeft mijn vader mij over zijn jeugd in Hongarije verteld:

Het huis op het Oktogon had vijf grote kamers die met kachels werden verwarmd. Er was een balkon, of liever gezegd een galerij aan de kant van de binnenplaats, waarvan ik niet goed heb begrepen hoe die ten opzichte van de woning lag, in elk geval kon je er vanuit de keuken op komen en hij was niet overkapt. Een van de kamers had mijn opa als praktijkruimte ingericht. Hij was chef de clinique bij het Budapestse János Kórház (Sint-Johannes Ziekenhuis), op zijn privéspreekuur kwamen veel patiënten van het platteland. Ze betaalden hem in natura, en daarom leefden er meestal een paar kippen en hazen op de kleine binnenplaats.

Of mijn oma ook werkte, weet mijn vader niet meer. Hij herinnert zich niet wat ze overdag deed – misschien deed ze boodschappen, zegt hij. Maar toch niet elke dag? Illi zegt dat mijn oma natuurlijk wel werkte, als fysiotherapeute en in de weekenden ook nog als tolk en gids voor toeristen – 'ze kon toch zo goed Frans en Duits.'

Ze hadden een kindermeisje dat elke dag bij hen kwam en een kokkin die bij hen in huis woonde en ook de was deed, in de waskelder. Mijn vader zegt dat kindermeisjes in die tijd volstrekt normaal waren in Budapest, iedereen had er een. Een jeugdvriendin van mijn tante, die tegenwoordig toevallig ook in München woont, spreekt dat tegen. Niet alle gezinnen in Budapest hadden een kindermeisje, absoluut niet, en ook geen kokkin. Zij is bijvoorbeeld helemaal zonder personeel opgegroeid, en haar vader was een vooraanstaand architect. 'O,' zegt mijn vader alleen maar wanneer ik hem dat vertel.

Mijn vader herinnert zich zomervakanties in Csillaghegy, een kleine badplaats in de buurt van Budapest waar gezinnen geriefelijk de zomermaanden konden doorbrengen. Een omheind, socialistisch vakantieparadijs, waar de kinderen zich zonder toezicht in zwembroek konden uitleven, de moeders elkaar aan de rand van het zwembad leerden kennen en de vaders in het weekeinde of 's avonds na het werk met de trein op bezoek kwamen.

Mijn opa bezat een auto van het merk DKW, hij was groot en zwart. Voor die tijd had hij een Adler gehad, heeft Klarí me verteld, Erzsi's dochter. Hij was de eerste die zij kende die in een auto reed. Toentertijd deed iedereen in Budapest alles lopend, of je ging met de tram, die altijd zo stampvol zat dat de mensen er ook aan de buitenkant aan hingen.

Echt goede vrienden van mijn grootouders mochten 's avonds onaangekondigd langskomen. Ze kaartten dan tot diep in de nacht, herinnert mijn vader zich, uiteraard alleen de volwassenen.

Tweemaal per week ging mijn oma met hem schaatsen. Ze zat bibberend op de tribune, terwijl hij leerde achteruit te rijden en pirouettes te draaien. Dat deden ze niet voor hun plezier, zegt mijn vader, maar omdat hij dan later op reis zou kunnen gaan – 'zodat jullie kinderen een goede toekomst zullen hebben.' Als topsporter mocht je Hongarije namelijk wel verlaten. Op een gegeven moment zagen ze het schaatsen allebei niet meer zitten en hebben het toen met schermen geprobeerd. Ook dat hebben ze uiteindelijk opgegeven.

Mijn vader herinnert zich zijn grootouders ook nog, de ouders van mijn opa. Ze heetten Frida en Sándor en woonden vijf minuten lopen van het Oktogon, aan de drukke Leninboulevard, die een paar jaar daarvoor nog Elisabethboulevard had geheten. Op de benedenverdieping bevond zich Sándors boekhandel. Hij is lang ziek geweest, zegt mijn vader, en lag altijd in bed, in een verduisterde kamer. Toen hij in 1949 stierf, was mijn vader vijf jaar, dus is het niet duidelijk hoe lang 'lang' is geweest. Zijn vrouw Frida had een dansschool, wat voor een vrouw in die tijd heel vooruitstrevend was. Haar school was in heel Budapest bekend. Mijn vader wordt tegenwoordig nog door Hongaren aangesproken die als kind les bij haar hebben gehad. *Tánci-Néni*, noemden ze haar, Dans-tante. Ze was klein en stevig, en mijn vader beschrijft haar karakter als eigenzinnig en egoïstisch – een herinnering die zeker door mijn oma zou kunnen zijn ingegeven, die haar schoonmoeder niet kon uitstaan. En omgekeerd.

Er bestaat een foto van mijn overgrootouders die in 1928 in New York is genomen, aan de noordkant van Manhattan, op Riverside Drive hoek 113th Street. Daar werd op een dag het beeld van een Hongaarse vrijheidsstrijder onthuld, Lajos Kossuth. Het schijnt iets bijzonders te zijn geweest, want Sándor en Frida reisden speciaal voor deze gelegenheid per schip naar

Amerika. Ze poseren op de foto alsof zojuist het volkslied wordt gespeeld: de kleine, gedrongen Frida, kin vooruit, de ene voet gracieus voor de andere gezet, zoals het een eigenaresse van een dansschool betaamt. Naast haar Sándor, die zo plechtig kijkt dat het lijkt alsof zo dadelijk zijn eigen standbeeld wordt onthuld. Kaarsrecht staat hij daar, handen tegen de bovenbenen, pochet in de donkere blazer, de boekhandelaar van de Elisabethboulevard die naar de andere kant van de wereld was gereisd om uitdrukking aan zijn vaderlandsliefde te geven.

*

Zouden ze er blij mee zijn als ze wisten dat ze een achterkleinkind hadden dat op een ijskoude winterdag dwars door New York reist om zich voor dat beeld te laten fotograferen? Of zou het hen eerder verbazen? Het is zondag, het is ochtend, het is januari. Terwijl ieder normaal mens nog in zijn bed ligt of er net over nadenkt of hij om te ontbijten naar een koffiehuis zal gaan, ga ik op weg. Ik moet de hele stad door, wat niet alleen waanzinnig lang duurt, maar ook ongelooflijk koud is, omdat het in de metro tocht en ik ook nog een station te vroeg uitstap en daarna meerdere blokken tegen de ijskoude wind in moet lopen. Onderweg overweeg ik verschillende keren om terug te gaan. Maar ik voel me op de een of andere manier verplicht het te doen en loop door. Blok na blok na blok.

Ik herken het beeld al van verre. Het is erg lelijk, op de sokkel staat een man in een lange mantel en aan zijn voeten staan nog twee figuren, een soldaat en een oude man. KOSSUTH staat groot op de steen, THE GREAT CHAMPION OF LIBERTY. Ik herken het van de foto van mijn overgrootouders, ik herken het van een foto van mijn grootouders die zich hier in 1982 hebben laten fotograferen. En ik ben hier zelf ook al een keer geweest. In 1990, samen met mijn vader. Toen was het tenminste een warme dag, zoals je aan de foto kunt zien die we met een zelfontspanner van onszelf voor het beeld hebben gemaakt. Ik heb een T-shirt aan en een zonnebril op met kleine ronde glazen, waarvan niemand ooit heeft gezegd dat hij me niet stond.

Vandaag heb ik een dikke winterjas aan en een muts op, waarvan ik zelf wel kan zeggen dat die me niet staat, maar wat moet ik anders, hij is warm. Ik weet niet hoe de zelfontspanner van mijn camera werkt. Dus vraag ik aan een voorbijganger of hij zo vriendelijk wil zijn om mij voor het beeld te fotograferen. Zijn blik verplaatst zich van mij naar het beeld en weer terug. 'Sorry,' zegt hij, 'I'd rather not.' Hij loopt door, en ik begrijp hem wel. Hij denkt vast dat ik een of andere fanatieke nationalist ben. De volgende die langsloopt, is wel zo vriendelijk. Op de foto die hij heeft gemaakt, zie ik er ook uit als een fanatieke nationalist: krankzinnige grijns op mijn gezicht, naast me een gietijzeren soldatenfiguur. Mijn vader is toch blij met de foto als ik hem die mail.

Mijn vader en mijn tante hebben mijn opa vaak gesmeekt zijn levensverhaal op te schrijven. Ze hoopten misschien op die manier iets te weten te komen over alles waarover hij niet sprak, vooral over zijn tijd in het concentratiekamp, die ze zich misschien wel – ze wisten immers niets – nog erger voorstelden dan het was geweest. En op een dag, ze hadden er allang niet meer op gerekend, op 23 juli 1986, ging hij er metterdaad voor zitten, en begon.

'Jullie hebben me zo vaak gevraagd om mijn levensloop op te schrijven, dat ik er vandaag op mijn zevenenzeventigste verjaardag voor ga zitten en wil proberen jullie tevreden te stellen.' Zo beginnen zijn aantekeningen, die in totaal uit zeven en een halve, dichtbeschreven A5-velletjes bestaan. Hij heeft ze met een vulpen op het reclameblocnote van een firma in medische apparatuur opgeschreven, vreemd genoeg in het Duits.

'Op 23 juli 1909 werd ik in Zalaegerszeg – een stadje in het westen van Hongarije – geboren. Mijn ouders en grootouders van beide kanten hebben daar nooit gewoond. Dat deze zo belangrijke gebeurtenis in mijn leven daar plaatsvond, heeft de volgende oorzaak: moeders beste vriendin – dr. Malvin Kovács, een van de eerste vrouwelijke artsen in Hongarije – woonde daar en zou moeder bij de geboorte bijstaan. Bovendien werd de ceremonie die Joodse jongetjes moeten ondergaan en die ze volgens de rituele voorschriften van een slachter hadden te verduren, ook door deze arts voltrokken: een kleine operatie, maar waarschijnlijk zonder anesthesie.'

Waarom gaf hij voor zijn levensherinneringen uitgerekend de voorkeur aan de Duitse taal? Hij had die op school geleerd en bijgeschaafd tijdens zijn medicijnenstudie, die hij vanwege de strenge Hongaarse Jodenwetten in Wenen had afgerond. Zijn Duits was wat omslachtig en klonk soms alsof het een woordelijke vertaling uit een andere taal was, wat het misschien ook wel was. Regelmatig haalde hij de naamvallen door elkaar, belde *'jemandem'* op of wenste *'jemanden'* het allerbeste. Hij zei bijvoorbeeld 'optelefoneren' in plaats van 'opbellen', of 'hefschroefvliegtuig' in plaats van 'helikopter', wat ouderwets klinkt en als uit een andere wereld.

Erg ver is hij met zijn aantekeningen niet gekomen. Zijn tekst eindigt midden in een of andere bijzin, en dan is hij nog niet eens aan de lagere school toegekomen. Wat hij heeft geschreven, bestaat voornamelijk uit een opsomming van alle verwanten. Ouders, grootouders en overgrootouders worden uitvoerig voorgesteld, maar ook neven en nichten, achterneven en achternichten met naam, beroep en karakter, en er passeren ook een paar alleenstaande tantes en een pingpongkampioen die is voortgekomen uit de affaire van een oom met diens huishoudster.

En toch vertelt het verslag meer over hem dan hij zelf ooit heeft losgelaten. Want het is een door en door Joodse familiegeschiedenis: de boekhandel van zijn vader werd vanwege de Jodenwetten onteigend; twee neven stierven tijdens de dwangarbeidsdienst voor Joodse mannen; verschillende verwanten werden in Auschwitz vergast. De familie van zijn moeder heet Mayersberg en bracht een voorzitter van het bestuur van de Joodse gemeente voort. Middenin verschijnt plotseling een langere alinea over de geschiedenis van de Joden in Hongarije, lexicaal correct. ('De Kazaren waren een uit Azië afkomstige stam die tot het joodse geloof was overgegaan. Ze hadden zich tijdens de Volksverhuizingen bij de Hongaren aangesloten nog voordat deze in het jaar 895 het Karpatenbekken veroverden...')

En hij schrijft dat hij uit een familie afkomstig is die zich Hongeren met een joods geloof voelden. Een familie van geassimileerde joden. Zijn vader vierde al nooit meer seideravonden, schrijft hij, en hij legt onmiddellijk uit wat dat betekent: 'Dat is een feest waarbij joodse families bij het oudste familielid bij elkaar komen voor het avondeten, om met gezangen, vertellingen en volgens nauwkeurig voorgeschreven rituelen de bevrijding van de Joden uit de Egyptische slavernij – elk jaar met Pesach, Pasen – te vieren.' Kennelijk gaat hij ervan uit dat zijn kinderen, beiden indertijd allebei een jaar of veertig oud, nog nooit van seideravond hebben gehoord. Op zijn zevenenzeventigste verjaardag vertelt hij hun dus voor het eerst wat over joodse traditie, over de traditie van zijn familie, al is het maar in schriftelijke vorm. Hij heeft hen volledig in onwetendheid gehouden over dit deel van zijn leven, dat kennelijk veel belangrijker voor hem was dan hij deed voorkomen.

Als ik heel eerlijk ben, word ik daar niet alleen verdrietig van, het maakt me zelfs een beetje boos. Want ook mij heeft hij daardoor een deel van mijn identiteit afgepakt, het vanzelfsprekende afgenomen van dat wat vanzelfsprekend had moeten zijn, een leemte in mij achtergelaten die voor mij wel een geheim lijkt. Er ontbreekt een stuk aan mij. Ik mis iets en ik weet niet eens precies wat.

Zo jammer dat iets verdwijnt.

*

Nog een keer Parijs. In het XVIe arrondissement woont een vriendin van mijn grootouders, Hélène. Ze is vierennegentig jaar, keurig gekapt: boven op haar hoofd zijn de haren, die de kleur van herfstbladeren hebben, enigszins getoupeerd, van achteren tot een kussen opgebold. Haar lippen zijn koraalrood geverfd, en haar reusachtige, hoornen bril met getinte glazen beschouw ik voorlopig als uitdrukking van een excentrieke smaak. Pas als ze in een bijzinnetje aanstipt dat ze zo goed als niets meer ziet, wordt het me duidelijk dat het echt een hulpmiddel is.

Hélène en haar man, die in 1983 is overleden, waren heel goed bevriend met mijn grootouders. Ze leerden elkaar in 1949 tijdens een artsencongres in Budapest kennen. Franse communistische artsen wisselden van gedachten met Hongaarse communistische artsen, en omdat vriendschap daarbij centraal stond, mochten de echtgenotes 's avonds ook mee. Het was toeval dat ze aan dezelfde tafel zaten, mijn grootouders en het Franse artsenechtpaar – hij was endocrinoloog, zij psychotherapeute. Hélène zegt dat ze onmiddellijk vriendschap sloten. 'Het klikte,' zegt ze. '*Tout était clair.*' Hélène en haar man zorgden ervoor dat mijn oma voor de duur van hun verblijf in Budapest tot hun officiële tolk werd benoemd. Telkens wanneer er iets in de stad viel te bezichtigen of een voordracht in een voor hen onverstaanbare taal werd gegeven, vertaalde mijn oma voor hen. De vrouwen mochten elkaar en de mannen mochten elkaar ook, en ja, het klikte dus heel goed.

Misschien belichaamden ze voor mijn grootouders de wijde wereld, die in die tijd vanuit Hongarije waarschijnlijk nog wijder leek dan ze in werkelijkheid was. Eind 1949 mocht mijn opa naar Frankrijk afreizen. Met toestemming of op verzoek van de Communistische Partij werd hij *Assistant étranger de la Faculté de Médecine de Paris*. Een nascholing van een jaar, een heel jaar. Zou hij er lang met mijn oma over hebben moeten praten? Of leek het onmiddellijk een goed idee? In elk geval besloten ze dat mijn oma hem zou vergezellen, minstens voor een tijdje. In totaal bracht ze uiteindelijk zes maanden samen met mijn opa in Parijs door. Een halfjaar zonder de kinderen, die ze thuis in Budapest onder toezicht van het kindermeisje achterliet. Mijn vader was vijf, mijn tante twee jaar oud. En als die niet allebei uitgerekend in die tijd kinderverlamming hadden gekregen, dan was mijn oma daar nog langer gebleven. Ik ken geen vrouw met kleine kinderen die een halfjaar zonder hen zou vertrekken. Maar ik ken ook geen vrouw die nog geen dertig is en net een oorlog heeft overleefd. Waarschijnlijk was haar honger naar leven, naar schoonheid, naar luister, groter dan ik me kan voorstellen.

Hélène woont in een classicistisch huisje, dat eruitziet alsof het vanbinnen al minstens honderd jaar onder toezicht van monumentenzorg staat. Waar je ook kijkt zijn er decoratieve meubels, bloemornamenten, porseleinen borden. Het behang is van zijde, de kasten oud en voorzien van inlegwerk. In de keuken, die naast de woonkamer ligt, zijn kookgeluiden te horen, een deksel kleppert, een afzuigkap snort. Even later zal de dienstbode het eten opdienen. Vier gangen krijgen 'Madame Hélène' en haar gast voorgeschoteld, de afsluitende chocoladetaart niet meegerekend.

Hélène praat veel en snel en lacht het hardst om zichzelf. Ze draagt een chique blouse, schoenen van slangenleer met strikjes, en haar lippenstift is pas vlak voor de laatste gang helemaal verdwenen. Ik begrijp waarom mijn oma haar graag mocht. Hier zit een vrouw die tegen haar was opgewassen. Maar weinig vrouwen van haar leeftijd zouden met zo'n vanzelfsprekendheid zulke getinte reuzenglazen dragen, of zo stoïcijns met haar tong etensrestjes tussen haar tanden uit peuteren, om ze daarna zonder een spier te vertrekken, laat staan haar woordenvloed te onderbreken, op het bord te spugen.

Naast haar telefoon, een ouderwets toestel met draaischijf en snoer, staat een ingelijste foto van mijn grootouders. Ik ken hem. Hij werd een paar jaar voor hun dood gemaakt tijdens een cruise over de Noordelijke IJszee. Zoals ze eruitzien, zou het tijdens het *captain's dinner* kunnen zijn: mijn opa draagt een witte smoking, mijn oma gouden sieraden op een grijze, zijden japon. Ze heeft een groene sjaal om haar taille gestrikt en kijkt haar man net zo stralend van opzij aan als op hun trouwfoto.

'Ik denk elke dag aan hen,' zegt Hélène wanneer ze merkt dat ik naar de foto kijk. En dan zegt ze dat ze zichzelf verschrikkelijke verwijten maakt, omdat ze mijn oma niet heeft aangeboden om bij haar te komen wonen als mijn opa zou sterven. Ze had dat vaak tegen haar willen zeggen, bij elk telefoontje was ze het van plan. Maar dan zat mijn opa altijd op de achtergrond en had mijn oma niet vrij kunnen praten. 'En toen was het te laat.' Na een korte pauze zegt ze: 'Vera was zo bang om na Pista's dood alleen te zijn. Vooral in Denemarken!'

Surtout au Danemark? Vond mijn oma het uiteindelijk toch niet zo fijn in Denemarken? Heeft ze met die chique Parisienne Hélène over de Denen zitten roddelen? Ik kan het me voorstellen. Maar of het vooruitzicht van een kamer in het XVIe arrondissement haar van haar besluit zou hebben afgehouden? Ik betwijfel het.

Hoe heeft zij, Hélène, mijn grootouders beleefd?

'Vera was heel mooi,' zegt ze. Dat schiet kennelijk iedereen als eerste over haar te binnen. 'Ze was extraverter dan Pista, praatte meer. Hij hield mensen op een afstand. Misschien had dat met zijn ervaringen te maken.'

Welke ervaringen bedoelt ze precies?

'Mauthausen, hij heeft toch in het concentratiekamp gezeten?'

Heeft hij daarover verteld?

'Ja, daar heeft hij over verteld. Geen details natuurlijk. Maar dat hij daar heeft gezeten.'

Wanneer heeft hij dat verteld?

'Nou, meteen. Toen we elkaar leerden kennen.'

Op de eerste avond?

'Ja. Ik dacht van wel.'

Dat is vreemd, hij heeft er verder nooit over gesproken.

'We hebben elkaar alles verteld. We hadden veel gemeen. We hadden alle vier even akelige dingen meegemaakt. Vera had haar ouders verloren, mijn vader stierf in Auschwitz.'

Ze hebben verteld dat ze Joden waren?

'Natuurlijk.'

Meteen op de eerste avond al?

'Ja.'

Wat had Hélène ook al weer in het begin gezegd –

'*Tout était clair*' – alles was duidelijk. Ze zaten toevallig aan dezelfde tafel, twee echtparen, Joden, die nog
niet zo lang geleden aan de dood waren ontsnapt,
amper, zij allemaal, in Hongarije, Oostenrijk en
Frankrijk. Was dat wat hen allen verbond? Was daarom alles duidelijk? Omdat ze Joden waren, Europese
Joden?

*

Ik heb één keer samen met mijn ouders en
grootouders tijdens het avondeten op de televisie een
reportage over Hitler op de Obersalzberg gezien. Het
was ongeveer in 1989, of 1990, mijn grootouders
waren bij ons in München op bezoek, en het was een
reportage van Spiegel-TV, de omroep die zo graag pas
ontdekt historisch beeldmateriaal als onderwerp
neemt. Deze keer was de sensatie dat er filmmateriaal
van de Obersalzberg, inclusief enkele opnames van
Eva Braun, was ingekleurd. Er was in bleke pasteltin-
ten te zien hoe Hitler zijn herdershond aanhaalt, hoe
Eva Braun een radslag maakt en de kinderen van deze
of gene nazi op het terras een ijsje eten. Ik vond dat
allemaal heel interessant. Zo hadden die mensen dus
geleefd, zo hadden ze er dus in kleur uitgezien.
Eindelijk, dacht ik, kun je je dat allemaal wat beter
voorstellen, begrijp je dat dat allemaal werkelijk in
dezelfde eeuw is gebeurd waarin je bent geboren.
   Mijn grootouders zeiden tijdens de hele uitzending
geen woord. Ik zat vlak voor de televisie en durfde me

niet naar hen om te draaien, op de een of andere manier voelde ik me raar. Ik wist niet wat zij ervan vonden, maar omdat ze gewoon bleven zitten en er niet naar een andere zender werd overgeschakeld, dacht ik dat het hen ook wel interesseerde. Toen de uitzending was afgelopen, was ik degene die als eerste wat zei. 'Wel interessant, nietwaar?' Ik zei het op een zo neutraal mogelijke toon door de aftiteling heen en draaide me met een uitdrukkingsloos gezicht om naar de anderen. 'O, ja?' zei mijn oma. 'Dat vind ik niet. Waarom zou het iemand interesseren hoe Hitler privé was?' Ze stond op, ruimde de borden af en verdween naar de keuken. Mijn opa zei niets, en ik schaamde me.

*

Zoals zoveel Joodse geschiedenissen gaat die van de familie van mijn vader over uitzichtloze pogingen erbij te horen. De vader van mijn opa, de eigenaar van de boekhandel aan de Elisabethboulevard, werd nog als Samuel Adler geboren. Maar omdat een Duitse naam in Hongarije naar een Joodse afkomst verwees, besloot hij het zekere voor het onzekere te nemen en zijn naam te verhongaarsen. Samuel werd Sándor, Adler werd Adorján. Mijn oma heeft zich na de oorlog laten dopen, samen met haar kinderen, en werd daarmee officieel een protestantse – een atheïstische protestantse, om precies te zijn. (Ze had voor hetzelfde geld katholiek kunnen worden, maar de protestantse kerk stond toevallig dichterbij.) Mijn opa deed nooit officieel afstand van het jodendom, maar bovendien is het ook nooit voldoende opgehelderd, door de hoogste instanties niet, of dat eigenlijk wel mogelijk is. En zo ja, of iemand dat ook uit zichzelf kan.

Het lijkt mij eerlijk gezegd niet.

Mijn grootouders deden wel alsof hun eigen Joodszijn hen niet interesseerde, maar des te meer interesseerden ze zich voor dat van anderen. Mijn tante heeft me verteld dat mijn grootouders er onder elkaar veel over spraken of iemand Joods was, dus een van hen. Is dat een *nostras*, overlegden ze, dat was hun codewoord voor: een van ons. Alsof je het aan iemand kon merken dat hij Joods was. Alsof je het kon ruiken.

Mijn tante heeft me ook verteld hoe mijn grootouders reageerden toen ze vernamen dat mijn vader verliefd was geworden op mijn moeder. Tijdens het avondeten hadden ze een hele tijd zitten te vissen naar wat haar vader in de oorlog had gedaan, of hij een nazi was geweest of niet. Later, toen ze de ouders van mijn moeder leerden kennen en de beide grootvaders in Heidelberg quatre-mains speelden, schijnen ze de conclusie te hebben getrokken dat het allemaal wel goed zat. Maar waarom moest mijn vader nu uitgerekend verliefd worden op een Duitse?

Toen ik een keer met mijn ouders en broers in Israël was, in 1994 was dat, werd er voor onze terugreis door veiligheidsbeambten op het vliegveld aan mijn vader gevraagd of hij Joods was – de namen van zijn kinderen, Johanna, Dávid, Gabriel, allemaal van

Hebreeuwse oorsprong, deden dat vermoeden rijzen. Tot verrassing van ons allemaal zei mijn vader dat hij dat niet wist. Het was hem zo door zijn moeder ingeprent dat het levensgevaarlijk was om Jood te zijn, dat hij er zelfs in Israël voor koos om voorzichtig te zijn.

*

Recent vloog ik met een Israëlische luchtvaartmaatschappij naar Israël, en bij het instappen merkte ik dat de meeste passagiers al in het vliegtuig zaten, Berlijn was kennelijk slechts een tussenstop op hun reis. Veel van de mannelijke passagiers droegen een keppeltje op hun hoofd, zo ook de roodharige Amerikaan naast me, die ik onmiddellijk sympathiek vond, ook al zeiden we de hele vlucht weinig meer tegen elkaar dan 'excuse me' en 'thank you'. Het waren passagiers van over de hele wereld. Ik hoorde Engels, Italiaans, Frans en Russisch. Niemand lette verder op mij, ik kende niemand, en toch voelde ik me op een merkwaardige manier erg op mijn gemak. In mijn hoofd vormde zich buiten mijn toedoen de zin: o, hier zijn jullie dus allemaal.

Wonderlijk, niet te verklaren, maar hier, tussen al die vreemde mensen die hoogstwaarschijnlijk allemaal Joods waren, de meesten dan toch in elk geval, voelde ik me thuis. Dat gevoel bleef ook na de landing bij me en zou me ook de daaropvolgende dagen nog begeleiden. Midden in het waarschijnlijk onveiligste land ter wereld voelde ik me op een eigenaardige manier veilig. Rustig. Veel rustiger dan anders. O, hier zijn jullie dus allemaal, dacht ik, en voelde me thuis. In een land waar het klimaat me niet ligt, waarvan ik de taal niet spreek en ik het schrift niet kan lezen. Op de terugvlucht zat ik tussen alleen maar oudere, Israëlische echtparen. Ik versta geen Hebreeuws en kan daarom niet zeggen waarover ze met elkaar spraken, maar er werd de hele tijd, werkelijk gedurende de hele vijf uur durende vlucht, zonder onderbreking gepraat. Het waren vooral de vrouwen die praatten. Gesprekken kon je het eigenlijk niet noemen, de vrouwen praatten veeleer op hun mannen in, op een enigszins verstoorde toon, maar dat scheen de eega's niet te deren. En zo nu en dan, als aan een antwoord niet viel te ontkomen, bromden de mannen wat, voor de rest hielden ze zich koest. Op deze vlucht dacht ik hoe leuk deze knorrige, samen oud geworden echtparen toch waren. Het beviel me wel dat ze bij hun mening bleven, dat ze zich aanstelden en lastig waren in plaats van zich aan de meute aan te passen. Tegelijkertijd is het natuurlijk waanzinnig vermoeiend om naast zo'n echtpaar een lange vlucht door te moeten brengen. Ongeveer om de tien minuten, en ik overdrijf echt niet, moest ik, degene die aan het gangpad zat, opstaan, omdat de vrouw naast me haar benen wilde strekken of naar voren wilde lopen om met een kennis te kletsen, of omdat zij vond dat haar man naar het toilet moest. In het begin verontschuldigde ze zich er nog voor, en zei ik: 'No problem,' maar op een gegeven moment hielden we daar maar mee op. Ze stootte me aan, ik maakte plaats en kort voor de landing had ik het gevoel alsof we vriendinnen waren.

Dat doet me erg aan mijn grootouders denken. Ik zou me hen heel goed kunnen voorstellen op zo'n vlucht. Bij het raampje mijn opa, die waarschijnlijk graag wat zou hebben gelezen, maar die daarvoor, door de opmerkingen van mijn oma, niet de kans krijgt. Ze zou hebben geklaagd over de te krappe stoelen, de stem van de piloot sympathiek hebben gevonden, commentaar hebben gegeven op de te korte rokken van de stewardessen. En net zoals de vrouw die op de vlucht van Israel Airlines naast me zat, zou ze waarschijnlijk ook eindeloos met die meisjes hebben gediscussieerd over of het echt niet mogelijk was om nog even snel naar het toilet te gaan, omdat het rode lampje nog maar net aan was. Of kon ze nog wat koffie krijgen? Turbulentie? Maar dat maakt toch niet uit? Je kunt die beker prima vasthouden. Dat is tegen de voorschriften? Ach, alstublieft, een beker koffie nog. Pista, u ook? Twee dus.

Is dat typisch Joods? Dat eeuwige gediscussieer, waar ik ook toe neig, tot verdriet van veel mensen die ik alleen maar tegenspreek om te kijken hoever ik kan komen. Bestaat dat eigenlijk wel: typisch Joods?

Mijn Joodse vrienden – ik heb er een paar – zeggen: 'Ja.' Ze zeggen, jij houdt niet van de natuur, blijft liever in de stad? Typisch Joods. Je vindt altijd wel een anderzijds? Typisch Joods. Je bent een lastige eter, hebt een hekel aan reizen, zou graag elke dag van het jaar hetzelfde gematigde, continentale weer hebben? Typisch Joods. Ik verdenk mijn Joodse vrienden er in elk geval van dat ze het onder bepaalde omstandigheden ook typisch Joods zouden vinden om heel veel scherpe wasabi door de sojasaus te roeren, allergisch te zijn voor Aspirine-C of niet van paardrijden te houden. En misschien is het zelfs typisch Joods om alles typisch Joods te vinden.

En is het ook typisch Joods om zelfmoord te plegen als je de Holocaust hebt overleefd, omdat je daarna hebt besloten zelf over je dood te willen beslissen? Veel overlevenden van concentratiekampen hebben later een eind aan hun leven gemaakt, Primo Levi is slechts de bekendste. Een andere man die dat heeft gedaan – hij overleefde de oorlog in Engeland – is de Hongaarse journalist en schrijver Arthur Koestler. Mijn oma hield heel erg van zijn boeken. In 1983 beroofde hij zich samen met zijn vrouw van het leven. Hongaarse Joden, een echtpaar.

Of is het typisch Hongaars?

Het percentage zelfmoorden is onder Hongaren wereldwijd het hoogst. Bestaat er zoiets als een Hongaarse ziel die niet zo erg aan het leven is gehecht? Is het toeval dat het een Hongaar was, Rezsö Seress, die in 1933 een lied componeerde dat zo hopeloos droevig was dat het een zelfmoordgolf teweegbracht? In heel Europa zouden meer dan honderd mensen bij de klanken van zijn lied een eind aan hun leven hebben gemaakt: 'Gloomy Sunday' heette het, droefgeestige zondag: *'On my last sunday, beloved, oh come to me.'* De componist wierp zich in 1968 van het dak van zijn huis en viel dood neer.

In elk geval moet je ook zeggen dat de meeste Hongaren géén zelfmoord plegen.

*

De hemel boven Kopenhagen is stralend kobaltblauw, aan de bomen schitteren de bladeren in alle schakeringen van rood tot geel. In de zon is het zo warm dat zelfs een vlieg, die binnen in de auto verzeild is geraakt, als uit de dood is herrezen. Mijn opa rijdt de auto nu uit de garage, een bruine Toyota met lichtgekleurde leren stoelen, en de vlieg zoemt nu tegen het vensterglas op en zoekt vertwijfeld een weg naar buiten. Mijn oma zit ook voorin, aan haar voeten de hond die aan de lijn zit. Ze draagt een loden jas, die ze jaren geleden in een kledingwinkel in München heeft gekocht, hij is van zwarte wol met rode stiksels. Ze heeft ook haar gebruikelijke stevige, lichtgekleurde schoenen aan en een zijden sjaal om. Vóór haar op het dashboard ligt een pakje, op de achterbank de hondenmand.

Mijn opa heeft zich omgekleed en draagt nu een pak van grove tweed dat de afgelopen maanden veel te groot voor hem is geworden; zijn nek komt er heel dun en magertjes bovenuit. Hij heeft de leren handschoenen met gaatjes en halve vingers aan die hij altijd draagt als hij rijdt. Omdat mijn oma vindt dat het koud is, heeft hij een halsdoek in zijn hemdkraag gestopt. Hij zit zo rechtop op de bestuurdersstoel dat het bovenste deel van zijn rug de leuning niet raakt. De zon staat laag.

'Mucika, hebt u mijn zonnebril bij de hand?'

Mijn oma rommelt in het handschoenenkastje en haalt een stel donkere glazen tevoorschijn die hij op zijn bril klemt.

'Weet u zeker dat het verstandig is dat u rijdt?'

'Ja.'

'Ik denk het niet.'

'Het gaat heel goed.'

'Vooruit dan maar. Als u het dan per se wilt.'

Mijn oma kijkt beledigd uit het raam. Aan haar voeten begint de hond te hijgen. Die heeft de gewoonte om bij het autorijden altijd volkomen buiten adem te raken, omdat ze kennelijk denkt dat ze de hele weg die langs het raam zoeft, terug naar huis helemaal lopend moet afleggen. Het is onmogelijk om lange ritten met haar te ondernemen, tijdens een reis over de autobaan heeft ze een keer bijna het loodje gelegd, maar op korte plezierritten namen mijn grootouders haar graag mee.

Ik werd elke keer misselijk als ik met mijn opa in de auto meereed. Aan het stuur openbaarde zich bij hem een karaktertrek die verder in zijn leven volstrekt ontbrak: hij reed heel agressief, trok zich niets aan van voorrangs- en andere regels en kon van het ene op het andere moment furieus worden, wat hij in luide verwensingen ontlaadde op de bestuurder van de wagen voor hem. Bovendien stonk het in de auto ontzettend naar sigarenrook. Maar op deze dag rijdt hij rustig. Behalve hun Toyota zijn er nauwelijks andere auto's op de weg.

Links en rechts trekken kleine eengezinshuizen van één verdieping voorbij. De voortuinen zien er verzorgd uit, de trottoirs schoon. Tweemaal per week haalt de stadsreiniging de bladeren weg die de bewoners tot keurige hopen bij elkaar hebben geveegd. Aan bijna elk tuinhek wordt met een bordje gewaarschuwd voor een hond. Een paar weken geleden is er een vos in de buurt gesignaleerd, hij is waarschijnlijk uit het nabijgelegen bos gekomen en hier verdwaald. Sindsdien mogen sommige kleinere honden overdag niet meer buiten in de tuin komen. Het is opvallend veel stiller in de wijk dan anders.

Ze naderen de eerste grote kruising.

'Mucika, kunt u mij zeggen hoe ik moet rijden?'

'Ik word gek van u, u rijdt deze route toch elke dag? U slaat hier af. Hier rechts, Pista.'

Mijn opa heeft dit traject jarenlang bijna dagelijks gereden. In zijn eentje kan hij het wel vinden, maar zodra mijn oma erbij is, voelt hij zich onzeker. Of laten we zeggen, hij voelt zich er zekerder bij om onzeker te zijn. Al heel wat jaren vraagt hij mijn oma op die plek hoe hij moet rijden, al heel wat jaren antwoordt mijn oma dat hij hier rechts moet afslaan. Het zijn hun rollen. Hij vraagt het vriendelijk, zij slaat haar ogen ten hemel en antwoordt geïrriteerd. Voor anderen klinkt hun dialoog als ruzie. Maar ze ruziën niet. Ze zeggen alleen hun tekst op.

Mijn opa zet de richtingaanwijzer aan, kijkt voor de zekerheid in de achteruitkijkspiegel, hoewel er in de verste verte geen voertuig te zien is, en slaat rechts af. Ze rijden nu door een smalle straat. Mijn oma zet de radio aan en zoekt een zender met klassieke muziek. Maar er klinkt alleen maar popmuziek. Ze zet hem weer uit.

'Kijk toch uit!' zegt mijn oma ineens. Het scheelde maar een haar of mijn opa had een fietser aangereden. In de achteruitkijkspiegel is de man woedend gebarend op straat te zien.

'Alstublieft, Pista, concentreer u,' zegt mijn oma kwaad, ze weet zelf niet op wie, op haar man of op de fietser.

'Hebt u mijn sigaartjes?' vraagt mijn opa, die ook een beetje is geschrokken. Misschien had hij toch beter thuis kunnen blijven.

Mijn oma haalt een doosje uit haar tas, steekt er een aan en geeft die aan hem.

'Dank u.'

Ze steekt zelf een sigaret op. Een paar kruisingen zeggen ze beiden niets. Alleen het brommen van de motor, het oppervlakkige gehijg van de hond en het knisperen van de sigaret bij elke trek zijn te horen.

'Daar. Stop daar,' zegt mijn oma terwijl ze naar een brievenbus wijst. 'Alstublieft, Pista, stop,' zegt ze nog een keer, hoewel mijn opa al afremt.

'Moet ik parkeren?' vraagt hij.

'Nee. Het is voldoende als u de knipperlichten aanzet.'

Hij stuurt naar rechts, trekt aan de handrem en schakelt de waarschuwingslichten aan, de motor laat hij lopen. Mijn oma pakt het pakje dat op het dashboard ligt, drukt mijn opa de hondenlijn in de hand en stapt uit de auto. Mijn opa doet even zijn ogen dicht. Dit is zijn eerste uitstapje sinds dagen, het is erg vermoeiend. Wanneer mijn oma het portier weer opent, schrikt hij op. Hij schraapt zijn keel en probeert er wakker uit te zien.

'Hebt u Erzsi de hartelijke groeten van mij gedaan?' vraagt hij.

'Waarschuwingslichten,' zegt mijn oma.

Mijn opa zet de waarschuwingslichten uit.

'Ik heb zelfs uw handtekening onder de brief gezet,' zegt mijn oma.

'Nee maar,' zegt mijn opa. Hij zegt het vol waardering, alsof hij ook tussen zijn tanden door zou hebben kunnen fluiten.

Achter in de auto is plotseling weer het gezoem van de vlieg te horen, maar het klinkt nu veel zachter, waarschijnlijk is hij onder de kofferruimtedeksel terechtgekomen.

Voor een geel huis stopt mijn opa. Hij zet de motor uit. De hond gaat op haar achterpoten staan, ondertussen zwaar hijgend, kijkt uit het raam en zwaait steeds sneller met haar staart. Mijn oma zet een zonnebril op. Achter de grote, donkere glazen zijn haar ogen niet meer te zien.

'U moet nu afscheid nemen,' zegt mijn oma.

Ze trekt de hond bij het raam weg en duwt haar naar

mijn opa, die Mitzi's hoofd met beide handen vastpakt en liefdevol aan haar baardharen trekt. De hond staat het toe, zoals ze alles met zich laat doen, met haar oren in haar nek en een ongelukkige blik. 'Szerbusz, Mitzike,' zegt mijn opa. 'Szerbusz. Jó édes Mitzike, jó kis kutya...' De laatste lettergrepen komen met een hoge overslaande stem uit zijn mond, wat hij zelf zo vervelend vindt dat hij niets meer zegt. Hij buigt zich voorover naar de hond en geeft haar een kus op de neus, die koel en nat is. Daarna strijkt hij een paar keer zo krachtig over haar hoofd, dat ze flink veel tegendruk moet geven om niet om te vallen. Tot slot klopt hij haar drie keer stevig op de rug en kijkt dan naar mijn oma. Die blaast haar adem hard uit, alsof ze die minutenlang heeft ingehouden. Ze recht haar rug en trekt haar schouders naar achteren. 'Gyere Mitzi, we gaan.'

Ze doet het portier open, de hond springt onmiddellijk naar buiten. Uit het gele huis is nu hondengeblaf te horen. Mijn oma stapt, door de hard aan de lijn trekkende hond tot een sneller tempo gedwongen dan ze prettig vindt, uit de auto. 'Wacht even,' zegt ze, 'de mand.' Ze trekt het achterportier open en pakt de mand van de bank. De hond is nu helemaal opgewonden, ze trekt haar in de richting van het tuinhek en kwispelt steeds sneller met haar staart. De deur van het gele huis gaat open, en een hond die er precies zo uitziet als Mitzi, alleen wat groter en magerder, schiet op het tuinhek af, gevolgd door een grote, blonde vrouw van een jaar of vijftig. Mijn opa doet zijn ogen dicht.

Op een middag vroeg in de herfst zit ik in Kopenhagen in datzelfde gele huis, in de eetkamer, de tafel voor me is gedekt voor een uitgebreide koffie. Tegenover mij zit een oude man en we weten beiden niet wat we tegen elkaar moeten zeggen of in welke taal, en dus glimlachen we wat over en weer en hopen waarschijnlijk allebei dat zijn vrouw snel terugkomt. We zijn maar een paar straten verwijderd van het huis waarin mijn grootouders hebben gewoond. Ik ben vergeten naar de naam van de man te vragen, zijn vrouw heet in elk geval Inga. Zij is de vrouw die indertijd de hond onder haar hoede heeft genomen. De grote blonde vrouw die indertijd net de vijftig was gepasseerd en die over vier jaar zeventig wordt.

Inga komt met een dienblad met koffie en appeltaart de eetkamer in en doet het licht aan, een Deense designlamp, het enige moderne voorwerp in de ruimte. De appels komen uit de tuin, zegt ze en ze legt grote porties op de borden. We eten een paar happen, zeggen: 'Mmmmm' en glimlachen. Hoe maak je nu een bruggetje naar de dubbele zelfmoord van je grootouders? Ik begin met de hond. Vertel dat ze nog een paar jaar bij ons in München heeft geleefd, steeds neurotischer en angstiger werd en ten slotte een natuurlijke dood is gestorven. We hebben voor die hond allemaal Hongaars geleerd, luisteren deed ze ondanks dat niet. Ja, Mitzi was toen al een merkwaardige hond, zegt Inga knikkend, en we zitten al in het verleden.

Mijn oma had de dag daarvoor opgebeld, zegt Inga. Of ze Mitzi een paar dagen kon nemen, zoals ze dat altijd voor elkaar deden als ze op reis gingen. Geen probleem, had Inga gezegd, maar Mitzi kon pas zondag komen, voor die tijd had ze het te druk. Dus hadden ze afgesproken dat mijn oma haar op zondag langs zou komen brengen. Inga zegt dat mijn oma had gezegd dat ze naar München zouden gaan. Ze had het er in de laatste maanden meerdere keren over gehad dat zij en Pista van plan waren om de laatste jaren van hun leven in München door te brengen. En nu wilden ze daar alvast naar een paar mogelijke woningen gaan kijken.

München?

Dat heeft mijn oma in elk geval tegen háár gezegd, zegt Inga.

Zonder te vragen schept ze nog een stuk taart op mijn bord.

Hoe was mijn oma die dag?

Ze leek een beetje afwezig, stiller dan anders, een beetje verdrietig misschien, zegt Inga. Ze had dat voor zichzelf zo uitgelegd dat het vast ook niet makkelijk voor Vera was om op haar leeftijd nog een keer te verhuizen. Met haar geschiedenis. Weer een nieuw land.

Heeft ze mijn oma als een gelukkig mens beleefd?

'O ja,' zegt Inga. 'Ze was heel gelukkig. Altijd goedgehumeurd. Ze leefde voor haar man.'

Inga was de hondenvriendin van mijn oma. Ze waren op een dag in het bos met elkaar in gesprek geraakt, omdat ze de twee enige bezitters van een

Ierse terriër in Charlottenlund schenen te zijn, en vanaf dat moment spraken ze af samen de honden uit te laten. Als ze de grote ronde liepen, duurde die ruim een uur, namen ze een kortere route dan waren ze veertig minuten onderweg.

Heeft mijn oma veel over zichzelf aan haar verteld? Inga denkt na. 'Nee, eigenlijk niet. Ze was erg gesloten. Ze heeft niets persoonlijks prijsgegeven.'

Waarover spraken jullie dan?

'Over muziek. Over de opera, concerten. Over ballet.'

Ik vraag me af hoe vaak mijn oma eigenlijk naar concerten ging. En naar wat voor concerten? Internationaal hoog aangeschreven orkesten of eerder orgelvespers in de kerk?

Heeft mijn oma ooit over vroeger verteld, over Hongarije?

'Nee. Nee. Of ja, toch, over haar vader heeft ze gesproken.'

Wat heeft ze verteld?

'Dat hij bij de marine was. Ik herinner het me nog precies, omdat ik dat nogal komisch vond, een *navy*-officier, nietwaar, dat weet jij toch ook nog wel?'

Haar man, die er de hele tijd zwijgend bij zit, knikt.

'Ik bedoel, wat moet een Hongaar bij de marine,' zegt Inga, ze kijkt er geamuseerd bij. 'Hongarije ligt toch helemaal niet aan zee?'

Ik zeg dat hij, voor zover ik weet, ingenieur was. Inga schudt haar hoofd, nee, nee, hij voer op zee. Ze lacht. Misschien heeft mijn oma dat wel verzonnen, denk ik, omdat die versie haar beter beviel? Of heeft hij tijdens de Eerste Wereldoorlog bij de marine gediend? Hebben die niet ook ingenieurs nodig? Het maakt niet uit.

Ik vraag haar hoe ze het contact met mijn oma zou omschrijven.

'Ik vond haar fascinerend,' zegt Inga. 'Ze droeg altijd broeken. Ze was mijn oudere vriendin. Ik had bewondering voor haar.'

Als ik vertrek, denk ik dat mijn oma vast erg gesteld was op Inga. Ze had mensen als zij nodig. Zoals een toneelspeelster een publiek nodig heeft. Ze waren vriendinnen, maar ze kenden elkaar niet. De echte vrienden van mijn grootouders, valt me ineens op, waren allemaal Joden.

*

Heb je al eens een Joods vriendje gehad? Dat vroeg een vriendin me op een dag tijdens het middageten. Ze woont in New York en is Jodin. Ik deed alsof ik er even over moest nadenken, wat in werkelijkheid niet zo was, en zei: 'Nee.' Dat vond ze grappig. Miste ik misschien iets? Zou er dan een verstandhouding ontstaan die je met niet-Joden niet kunt hebben? Waarschijnlijk was het een vraag die ze zichzelf ook stelde, want ze is met een niet-Jood getrouwd, en overigens heel gelukkig. Had ik al eens van J-Date gehoord, vroeg ze. Had ik niet. Ze legde me uit dat J-Date een online datingsite voor Joden is. Aha, zei ik en ik wilde net van onderwerp veranderen, toen ze plotseling haar zoon ter sprake bracht, een succesvolle arts, die, wie had dat ooit gedacht, zijn toekomstige vrouw op J-Date had leren kennen. Ja, maar ik wil helemaal niet online daten, protesteerde ik, maar dat hielp niet. Ze weigerde gewoonweg van onderwerp te veranderen, en nadat ze me ongeveer anderhalf uur lang de vele voordelen van deze contactmethode had uitgelegd en herhaaldelijk had gezegd dat ik toch niets te verliezen had, gaf ik me gewonnen: J-Date was precies wat ik nodig had. Ik zou me vandaag nog aanmelden. Ik zou een heleboel waanzinnig interessante, New Yorkse mannen leren kennen die allemaal Joods waren en misschien zelfs nog aardig ook. Wat wilde ik nog meer.

Weer thuis in mijn woning in Brooklyn, waar ik indertijd een paar maanden woonde, zette ik onmiddellijk de computer aan, ging naar de site van J-Date op het internet – en meldde me aan. Johannaberlin noemde ik mezelf, waaraan is te zien dat ik er verder inderdaad geen seconde over had nagedacht, nee, ik wilde het nu weten, nu onmiddellijk. Zo lang zou ik ook niet meer in New York blijven, ik had dus geen tijd te verliezen. Mijn profiel schreef ik zo eerlijk mogelijk op: ik had een Hongaarse vader van Joodse afkomst en een Duitse moeder, en toen ik onlangs in Tel Aviv was, voelde dat tot mijn eigen grote verrassing aan als een thuiskomen, en een Joodse vriend zou daarom misschien helemaal niet zo verkeerd zijn. 'Ik weet niet hoe dat is,' schreef ik, 'ik heb er nooit één gehad. Mijn grootouders waren overlevenden van de Holocaust en ze hebben nooit over hun Joodse identiteit gesproken – net zomin als mijn vader. Daarom is dit deel van mezelf zo goed als onbekend voor me.' En daarna schreef ik nog dat ik meer van de lente dan van de herfst hield, en meer van de winter dan van de zomer; dat ik graag las, geweldige vrienden had en in een vliegtuig altijd bij het gangpad zat. Wat een mens al niet schrijft als hij sympathiek gevonden wil worden maar helemaal niet weet door wie.

Binnen een paar dagen had ik honderddertig berichtjes binnen. Honderddertig mannen die me wilden leren kennen, die zich met foto en hobby's voorstelden, die arts waren, architect, advocaat, fitnesstrainer, toneelspeler of journalist. En stuk voor stuk allemaal Joods. Ik was overweldigd.

In het begin las ik nog alles. Hun hele profiel, inclusief lievelingseten, lievelingsvrijetijdssport en beeld van een ideale relatie. Na een paar dagen was ik al bedreven genoeg om met twee, drie gerichte blikken te kunnen zien of iemand precies zo was als de meeste anderen ('ik hou van de natuur, doe graag aan sport en heb een brede belangstelling'). De originele types spraken me aan, en dat waren er in totaal een stuk of acht. Acht van de honderddertig, van wie vijf door de volgende ronde kwamen, van wie ik er ten slotte twee ontmoette. Toch nog. Voor iemand die echt nooit van haar leven online wilde daten, een verrassend hoog aantal.

De eerste heette Victor. Hij had mij met een scherpzinnige analyse van mijn oordeel over de seizoenen overtuigd: 'Dus hou je van de winter, omdat het voorjaar daarop volgt, en hou je van het voorjaar, omdat daarna de zomer komt. Dus geef je in werkelijkheid de voorkeur aan de zomer!'

Ik ontmoette hem in een koffiehuis. Ik was hem bijna misgelopen, want, dat leerde ik bij de eerste internetdate van mijn leven, als iemand in zijn profiel zegt dat hij zesendertig jaar is, dan wil dat niet per definitie zeggen dat hij dat ook echt is. Het kan ook betekenen dat hij een of twee decennia geleden zesendertig was, maar dat hem dat nog levendig voor de geest staat. En als iemand in zijn profiel zichzelf als 'sportief type' omschrijft, hoeft dat ook niet per definitie te betekenen dat diegene er als een atleet uitziet. Integendeel. En als iemand als plaats van herkomst 'some neighbourhood' opgeeft, dan moet je er rekening mee houden dat die buurt in Sint-Petersburg kan liggen.

Je kunt je mijn verbazing dus als behoorlijk groot voorstellen toen er in plaats van een 36-jarige, sportieve Amerikaan met bruin haar, een oudere, gedrongen man met een grijze baard op mijn tafeltje afkwam en met een zwaar Russisch accent vroeg: 'Are you Johannaberlin?'

Toen ik hem even later vroeg waarom hij niet had geschreven dat hij uit Rusland kwam, glimlachte hij, schudde met zijn hoofd en zei: 'Ik heb een aanwijzing gegeven. Ik heb geschreven dat ik Engels en Russisch spreek.' Tot zover Victor.

Daarna kwam Sascha, die er inderdaad precies zo aardig uitzag als op zijn foto. Hij was ook zo oud als hij had opgegeven, en het klopte zelfs dat hij journalist was. Dat het ondanks dat niks tussen ons werd, lag aan dingen die je niet van tevoren aan de weet kunt komen.

*

Het is heel stil als mijn grootouders terugkomen in hun huis. Wanneer de sleutel in het slot wordt gestoken, springt er geen hond van vreugde aan de binnenkant tegen de deur op en ter begroeting komen hen geen over de houten vloer ploffende poten tegemoet. Een leeg huis. Maar het ruikt er nog wel naar hond.

Mijn oma hangt haar jas aan de kapstok, mijn opa wisselt zijn schoenen weer om voor zijn pantoffels, wat een tijdje zijn aandacht opeist. Hij houdt zich daarbij vast aan de deurlijst en trapt eerst met de rechterschoenneus de linkerschoen van achteren naar beneden en glipt eruit, daarna trekt hij met de tenen van zijn linkervoet de rechterschoen uit. Mijn oma kijkt toe.

'Wilt u niet gaan liggen, Pista?'

'Niet nodig.'

'Bent u niet moe? U ziet er moe uit.'

'Ja, ik ben een beetje moe. Maar is het niet beter om wakker te blijven?'

'Waarom?'

'Om u een handje te helpen.'

'Waarmee?'

'Nou ja, wat gaat u nu doen?'

'Ik word nog eens gek van u. Dat heb ik u toch zo-
even al in de auto uitgelegd. Ik ga nu de tuin in en
later pak ik cadeaus in. Echt, Pista, u kunt gerust gaan
liggen. Ik red het wel zonder uw hulp.'

'Goed. Dan ga ik op de sofa zitten.'

'Goed. Doet u dat maar.'

Mijn opa loopt langzaam naar de woonkamer. Mijn
oma werpt een blik op haar kleine, gouden armband-
horloge. Twee uur. Ze doet de voordeur van binnenuit
met de sleutel op slot. Daarna haalt ze de sleutel uit
het slot en legt hem op het ladekastje.

*

Ik bedenk me ineens dat ik Hélène ben vergeten te vragen waar mijn grootouders eigenlijk tijdens
hun verblijf in Parijs hebben gewoond. Hadden ze een
eigen appartement? Waar, in welk arrondissement? Of
woonden ze in een hotel? Ik zou haar kunnen opbellen, ik ben maar een telefoonnummer verwijderd van
het antwoord, als Hélène het zich tenminste nog herinnert. Maar ik doe het niet. Ik ben bang te opdringe-
rig over te komen. Eigenlijk overvalt me tijdens mijn
research vaak de angst tot last te zijn. Ik voel me een
indringer, een dief, die de mensen die hebben inge-
stemd om met mij over mijn grootouders te praten,
iets afhandig wil maken. Ik voel me eigenlijk bijna bij

elke vraag schaamteloos nieuwsgierig. Alsof ik mijn neus steek in aangelegenheden die me niets aangaan. Wat gaat het mij aan hoe mijn grootouders hun leven doorbrachten? Wie ben ik dat ik dingen wil achterhalen waarover ze nooit hebben gesproken, die deels misschien heel persoonlijk zijn? Ik heb aan Erzsi gevraagd of mijn grootouders elkaar trouw waren. Ze aarzelde eerst, daarna zei ze dat ze elkaar allebei, voor zover zij wist, één keer hebben bedrogen, maar dat was nog in Hongarije en het fijne wist ze er ook niet van, en het was haar aan te zien dat ze er spijt van had dat ze me antwoord op die vraag had gegeven. Ik vond het toen ook heel indiscreet van mezelf en veranderde snel van onderwerp.

Met mijn tante, die ik in het kader van mijn naspeuringen meerdere keren in Kopenhagen heb opgezocht, was het hetzelfde. In het begin vroeg ik er maar op los. Vroeg alles wat ik wilde weten. Maar op een gegeven moment begon ik weerstand te voelen. Merkte dat ze geen zin had om zoveel over haar ouders te praten, en dat ze ook niet over hen kon praten alsof ze alleen maar een fascinerend paar waren geweest. Het waren haar ouders. Die zelfmoord hadden gepleegd. Voor het overige ook moeilijke ouders. Op een gegeven moment ben ik opgehouden om mijn tante vragen te stellen over mijn grootouders. Maar ik heb elk stukje informatie dat ze terloops vermeldde, onthouden en daarna, met het gevoel alsof ik het stiekem deed, in een aantekenboekje opgeschreven. Ik vraag me af hoe ik het zou vinden als iemand een boek over mijn ouders zou schrijven. Wat zou ik vertellen? Alleen de goede dingen? Zou ik wel willen dat iemand over hen schreef? Liever niet, geloof ik. Ik zou bang zijn dat het beeld dat van hen zou worden geschetst, niet in overeenstemming zou zijn met dat wat ik van hen heb.

Ik bel Hélène niet nog een keer op. Is het zo belangrijk waar mijn grootouders in Parijs hebben gewoond?

*

In mei 1991, vijf maanden voor hun dood, was mijn broer samen met zijn toenmalige vriendin bij mijn grootouders in Kopenhagen. Hij zag hen slechts één avond, want de volgende morgen gingen mijn grootouders op reis naar Hongarije, en mijn broer en zijn vriendin zouden een week op hun huis passen. Mijn broer zegt dat zijn vriendin onze grootouders heel interessant vond. Toen ze even alleen waren, had ze hem naar hun leven gevraagd. Het waren toch Joden, hoe hadden ze de oorlog overleefd? En omdat mijn broer daar eigenlijk geen antwoord op had, besloot hij het gewoon rechtstreeks aan mijn opa te vragen – wat hij dan ook deed, in het bijzijn van zijn vriendin.

Hoe was dat eigenlijk, in het concentratiekamp?

Daarover wilde hij niet praten, antwoordde mijn opa, zoals te verwachten was geweest. Er viel een stilte, waarin mijn broer naar een minder beladen onderwerp zocht om aan te snijden. Maar toen zei mijn opa plotseling dat hij wel over wat anders kon vertellen dat hij had meegemaakt. En toen vertelde hij over de Korea Oorlog.

In 1952 zat hij zeven maanden in Noord-Korea en werkte daar als traumachirurg. Hij had verschrikkelijke dingen gezien, vertelde hij mijn broer. Hij had veel armen en benen moeten aannaaien. Meer kon mijn broer zich niet herinneren, of omdat mijn opa niets meer had verteld of omdat ook dit een onderwerp was waar hij met tegenzin over sprak – het geheugen is namelijk soms zo beleefd om louter uit consideratie alles terstond weer te wissen.

Waarom was mijn opa in de Korea Oorlog? Wat had een Hongaar daar eigenlijk te zoeken? Bovendien een Hongaar die een paar jaar daarvoor pas het geluk had gehad zelf een oorlog te hebben overleefd?

Ik spoor een Hongaarse journalist op die in 1952 en 1953 een aantal maanden in Noord-Korea was om voor de pers thuis over de oorlog verslag uit te brengen. In zijn reportages, die je via de British Library kunt bestellen, lees ik over een ziekenhuis dat Hongarije aan zijn bevriende socialistische natie Noord-Korea cadeau heeft gedaan. Een heel ziekenhuis, compleet met doktoren, verpleegsters en medische apparatuur. Het bevond zich in een dorpje genaamd Chung-wha, zo'n dertig kilometer van de hoofdstad Pyongyang, was in een voormalig schoolgebouw ondergebracht en zeer primitief. Op het dak had men een groot rood kruis geschilderd dat de

Amerikaanse vijand er hopelijk van zou weerhouden het te bombarderen.

De journalist woont tegenwoordig in Parijs. Aan de telefoon vertelt hij me dat in dat ziekenhuis ongeveer twaalf Hongaarse artsen werkten, hij kende hen evenwel niet allemaal bij naam. Een daarvan moet mijn opa zijn geweest, zegt hij, want tijdens die oorlog hebben alleen op die plek Hongaarse artsen gewerkt. Werden ze daartoe gedwongen of meldden ze zich vrijwillig, vraag ik hem en ik vertel een beetje over de geschiedenis van mijn opa. Het zal in elk geval goed voor zijn carrière zijn geweest, zegt hij. Vooral voor Joodse artsen. Of omgekeerd: weigeren zou negatieve gevolgen hebben gehad.

De Hongaarse artsen, vertelt hij, werkten dag en nacht. Ze hebben het leven gered van mensen die door napalmbommen bijna van top tot teen waren verbrand, onder wie veel vrouwen en kinderen van de plattelandsbevolking. 's Nachts, wanneer de Amerikanen de zwaarste bombardementen uitvoerden, opereerden de artsen in de kelder. Daar zaten geen ramen in, zodat er vanaf de buitenkant geen licht was te zien. Ze hebben daar met gevaar voor eigen leven gewerkt, zegt de journalist. Ze hebben wonderen verricht.

*

In de zomer van 1952, toen mijn opa in Korea zat, was mijn oma met de kinderen in de badplaats Csillaghegy. Erzsi ging daar bij haar op bezoek. Mijn oma was er nog nooit zo slecht aan toe geweest als op die dag, zegt Erzsi. Ziek van de zorgen was Vera geweest. Gespannen en onvriendelijk. Ze had zich onmogelijk gedragen. Had haar nauwelijks begroet, terwijl zij toch speciaal met de trein naar haar toe was gekomen. Ze sloeg eigenlijk nauwelijks acht op haar, had een vreselijk slecht humeur. Erzsi trekt een gezicht dat absoluut bij mijn oma hoort: kin omhoog, wenkbrauwen hoog, neusgaten enigszins opengesperd. Erzsi zegt dat zijzelf op haar tenen rondsloop om het niet nog erger te maken, haar best heeft gedaan om heel vriendelijk, zo niet onzichtbaar te zijn. Maar het hielp niet. Mijn oma was de hele dag meer dan somber en weinig spraakzaam, en gaf Erzsi het gevoel alsof zij haar iets had misdaan.

Terwijl Erzsi daarover vertelt, doet ze dat door voortdurend van rol te wisselen.

Erzsi: 'Wat is er dan met je?'

Erzsi als mijn oma: 'Niets, helemaal niets.'

'Natuurlijk is er wel iets. Vertel het me dan toch.'

Ten slotte schreeuwt mijn oma tegen haar: 'Ga weg, ga weg, donder nou eindelijk op!'

Erzsi: 'Zo praat je niet tegen mij.'

Vervolgens barstte mijn oma in tranen uit. 'Niemand houdt van me,' had ze gezegd. En ze had gehuild, gehuild, gehuild.

Erzsi: 'Maar, Veruska, je bent mijn beste vriendin. Alles is oké.'

'Nee, nietwaar. Niemand houdt van me.'

En toen waren ze ergens gaan zitten om te praten.

En mijn oma vertelde haar dat ze ziek van de zorgen was dat mijn opa in Korea wat zou overkomen, dat ze niet slapen kon, niet eten. Ze zou zelfmoord plegen, zei ze, als hij niet terug zou komen.

Toen zei ze het voor de tweede keer.

*

De zon is achter de blauwsparren verdwenen die de tuin van mijn grootouders tot achterin omzomen. Het is nu duidelijk koeler dan nog maar een paar uur geleden, van het grasveld stijgt vochtige kou op. Mijn oma heeft een gebreid jasje om haar schouders geslagen. Ze staat aan de rand van het terras en kijkt naar hun tuin, die zij heeft gecreëerd en onderhoudt. Bijna dagelijks plukt ze ergens onkruid weg, helpt een heilloos vastgelopen clematisrank op haar weg naar boven, snoeit takken, harkt bladeren of zegt tegen mijn opa dat het gras moet worden gemaaid, wat hij daarna met gepaste zorgvuldigheid met de elektrische maaimachine doet.

Haar grootste liefde gaat uit naar de rozen die een natuurlijke haag tussen terras en grasveld vormen – witte Schneewittchen, lichtroze Cottage Roses, gele Golden Border, karmozijnrode Prince, violette Chartreuse de Parme – op kleine bordjes die in de aarde zijn gestoken, staan hun namen. In de loop der jaren heeft ze zich tot een expert ontwikkeld, weet dat de Ophelia graag klimt, de American Beauty niet te veel zon verdraagt en in welke maand de purperkleurige

Marbree voor de tweede keer bloeit. Natuurlijk heeft ze ook de Königin von Dänemark, een bijzonder makkelijk te verzorgen en winterharde soort, met bleekroze bloemen en blauwachtige, kleine, zachte doornen. En nooit bloeien de rozen mooier dan in dit jaargetijde. Het is alsof de bloemen voor de winter al hun krachten nog een keer inspannen. Ze lijken licht te geven, zo schitteren hun kleuren, en hun geur is intenser dan in het voorjaar of de zomer. Mijn oma ruikt aan een gele bloem die binnenkort zal verwelken. Het woord 'verleidelijk' komt in haar hoofd op. Ze heeft ooit ergens gelezen dat bloemen beter gedijen als je tegen ze spreekt, en sinds die tijd doet ze dat, praat met ze alsof het vrienden en vriendinnen zijn die je begroet en complimenten maakt. Jij bent heel erg mooi geworden, zegt ze tegen een buitengewoon volle Versigny-roos, die eruitziet als een tere, rosékleurige kropsla – de szép lettél, ze spreekt Hongaars met haar rozen. Dan loopt ze naar het schuurtje waar ze de tuinspullen bewaart, om aarde te halen, want ze wil, ook al is het daarvoor eigenlijk nog wat te vroeg, de rozen winterklaar maken.

Terwijl ze het terras oversteekt, hoort ze muziek uit het huis komen en blijft staan. Het Pianoconcert van Schumann, daar houdt ze heel erg van. Ze loopt naar het raam van de woonkamer om mijn opa duidelijk te maken dat hij het harder moet zetten. Of het raam opendoen.

Door de ruit ziet ze hem op de sofa zitten. Ze tikt tegen het raam. Hij schijnt haar niet te horen. Hij ziet er heel geconcentreerd uit. Ze tikt nog een keer, harder. Hij reageert niet. Hij zit op de sofa en kijkt niet op. Ze tikt en roept zijn naam. Geen reactie. Ineens valt het haar op hoe mager hij is. Zijn hoofd lijkt veel te groot op zijn smalle schouders, hij ziet er bijna uit als een kind. Een vroeg oud geworden, mager kind met ingevallen wangen, witte snor en bril. Het maakt haar verdrietig hem zo te zien. Het ontroert haar ook. Dat is de man met wie ze oud is geworden. Haar man. Haar leven.

*

Op 23 oktober 1956 stonden mijn vader en mijn tante, toen twaalf en negen jaar oud, 's middags voor het getraliede raam van de woonkamer op de tweede verdieping en keken naar het Oktogon beneden. Daar werd, begeleid door duizenden demonstranten, het reusachtige beeld van Stalin langsgesleept, dat kort daarvoor nog op een sokkel op het Heldenplein had gestaan. Mijn vader weet nog dat de over het asfalt voortgetrokken Stalin een afgrijselijk lawaai maakte.

Een paar uur later hoorden ze schoten vallen. De demonstratie, die vreedzaam was begonnen en waarvan de belangrijkste eis de onafhankelijkheid van Hongarije van de Sovjet-Unie was, was omgeslagen in een bloedige volksopstand. Op het plein voor het gebouw van de radio kwam het tot een schotenwisseling tussen demonstranten en de politie; 's avonds verzamelden zich circa tweehonderdduizend mensen voor het Parlement en eisten dat de hervormingsgezinde communist Imre Nagy weer tot regeringsleider werd benoemd. Hij werd daarna inderdaad als staatshoofd aangesteld en na vier dagen bloedige strijd verlieten de eerste Russische troepen het land. Het zag ernaar uit dat de vrijheid had gezegevierd: Hongarije trad uit het Warschaupact en verklaarde zich neutraal. De crisis, zo leek het, was voorbij.

Maar toen keerde het tij. Op 29 oktober viel Israël Egypte binnen, wat door Engeland en Frankrijk werd aangegrepen om te proberen het Suezkanaal weer in handen te krijgen. Even was de wereld afgeleid van wat er in Oost-Europa gebeurde. Daar maakte de Sovjet-Unie misbruik van. Op 4 november passeerden duizenden Russische tanks de stadsgrenzen van Budapest, het kwam tot zware gevechten. Aan Hongaarse zijde vielen er in de daaropvolgende dagen vijfentwintighonderd doden, aan de kant van de Sovjet-Unie meer dan zevenhonderd; dit zijn voorzichtige schattingen.

In de orthopedische kliniek die door mijn opa werd geleid, verscholen zich revolutionairen. Dat wist hij en hij pleegde daarmee passief verzet tegen de Russische bezetters. Was hij zich bewust van het gevaar waaraan hij daardoor zichzelf – en zijn familie – blootstelde? Waarschijnlijk wel. De gedachte om te vluchten kwam op.

Mijn vader was toen net twaalf jaar geworden. Wat heeft hij van dat alles meegekregen?

Hij weet nog dat thuis voortdurend naar de nieuws-berichten op de radio werd geluisterd. Dat er gefluisterd werd zodra zijn jongere zusje de kamer in kwam. Hij en zijn neef werden op de hoogte gebracht van de vluchtplannen, zij waren oud genoeg om hun mond niet voorbij te praten, hadden mijn grootouders waarschijnlijk besloten. Op een dag zijn ze toen naar de kliniek gegaan. Daar zouden ze een paar dagen en nachten hebben doorgebracht. Hij is toen ook nog een keer met zijn moeder in de woning aan het Oktogon geweest om een paar spullen te halen. Ze hadden een tas volgepakt, en daarmee gingen ze weer terug naar de kliniek. Om daar te komen, moesten ze over een van de bruggen over de Donau. En een dag later, of op dezelfde dag, dat weet hij niet meer, zijn ze gevlucht. Dat wil niets anders zeggen dan dat ze in Buda voor het orthopedisch ziekenhuis in de zwarte DKW stapten en richting grens reden. Op de een of andere manier begint zo'n vlucht nu eenmaal zo.

*

Mijn tante, die in Kopenhagen woont, moet eerst de ladder uit de bergruimte halen om in haar klerenkast helemaal bovenin bij de tas te kunnen die mijn vader en mijn oma toen nog samen thuis hadden opgehaald. Het was het enige dat ze op hun vlucht uit Hongarije hadden meegenomen. Een goed bewaarde, roodbruine tas met hengsels, iets kleiner dan een klei-ne koffer. Als je de ritssluiting opentrekt, stijgt er vandaag de dag nog de geur uit op die in het huis van mijn grootouders hing.

Ze vluchtten op 20 november 1956. Mijn tante zegt dat niemand in die tijd ooit met haar over de ophanden zijnde vlucht heeft gesproken. Ze was negen jaar, misschien waren ze bang haar aan het schrikken te maken. Of dat ze tegenover anderen haar mond voorbij zou praten en hen allemaal in gevaar zou brengen. Telkens wanneer ze een kamer binnenkwam, verstomde het gesprek, dat herinnert ze zich nog. En toen kreeg ze op een middag plotseling te horen: kom mee, we gaan een paar dagen naar het ziekenhuis waar je vader werkt. En toen kreeg ze op een gegeven moment te horen: kom mee, we gaan met de auto weg. Niemand vertelde haar waar ze heen gingen. Niemand legde haar uit dat ze nooit meer terug zouden komen. Daar had je het weer, dat typische daarpraten-we-niet-over.

De sfeer in de auto heeft mijn tante als dreigend ervaren. Naast haar zaten mijn vader en haar neef István, twee jongens die haar normaliter doorlopend pestten, voor het lapje hielden, plaagden, maar die nu bij wijze van uitzondering heel stil waren. Mijn opa reed, mijn oma zat voorin naast hem. Ze zei tegen mijn tante dat ze, als ze werden aangehouden, moest doen alsof ze sliep. Je kunt je geruststellender situaties voorstellen voor een negenjarig kind.

Mijn vader weet nog dat het licht was toen ze wegreden en donker toen ze bij de grens aankwamen. Hij zegt dat ze waarschijnlijk een uur of drie hadden gereden. Vlak voor de grens werden ze aangehouden. Ze moesten uitstappen. Een Hongaarse grenswacht boog zich naar mijn vader toe en vroeg of hij het koud had. Mijn vader knikte. De soldaat trok zijn rechterhandschoen uit en gaf hem aan mijn vader. Hij heeft hem nog: een bruine, leren handschoen met slechts twee vingers: duim en wijsvinger. Meer heb je niet nodig om te schieten.

Ze moesten hun auto achterlaten, daarna mochten ze verder.

Mijn vader herinnert zich dat ze over een open veld liepen. Het was koud, de maan scheen, niemand zei een woord. Ineens zagen ze achter zich mensen, en omdat ze niet wisten wie dat waren en of die hun goed- of kwaadgezind waren, waren ze doodsbang achter een strobaal weggedoken en hadden afgewacht. Toen er een hele tijd niets gebeurde, besloten ze weer door te lopen. Al snel zagen ze de lichten van huizen, zagen een kerktoren, liepen sneller, hoorden stemmen die geen Hongaars spraken, ontdekten in de duisternis Duitse straatnaambordjes – ze bevonden zich op Oostenrijks grondgebied.

*

Erzsi vluchtte twee nachten na mijn grootouders. Ze had pech, die nacht regende het. Ze droeg een bontmantel die mijn oma haar een paar dagen eerder had gegeven. Als afscheidsgeschenk en omdat ze hem niet had kunnen meenemen. Erzsi en haar drie kleine kinderen vluchtten te voet, hun vlucht was niet gepland en ze moesten plotseling snel vertrekken, haar man was gevangengenomen en ze probeerde zichzelf en haar kinderen in veiligheid te brengen. Erzsi had de bontmantel aan en het regende, en het enige dat ze kon denken, was: hopelijk wordt het bont niet door de nattigheid geruïneerd, Vera zou vast boos worden als ze dat te weten zou komen. Omdat Erzsi's man als staatsvijand was bestempeld, passeerde ze met haar kinderen de grens niet bij een bewaakte overgang, maar kroop in het donker onder een prikkeldraadhek door. Erzsi bleef met de mantel hangen, scheurde er een gat in en struikelde vervolgens ook nog in een diepe vore, die uiteraard heel modderig was van de regen. De vlucht was één ding – jengelende kinderen, kou, nattigheid, bovendien nog haar man in de gevangenis – het andere was de bontmantel. Erzsi was vast van plan hem aan mijn oma terug te geven – ze kende haar goed genoeg om te weten dat mijn oma daar stiekem op rekende voor het geval ze elkaar ooit weer zouden weerzien. Tijdens de hele vlucht dacht ze alleen maar aan de bontmantel en vervloekte regen, modder en prikkeldraad. En toen ze elkaar inderdaad weer troffen, in Wenen, toen ze elkaar daar toevallig tussen duizenden vluchtelingen ontmoetten, gaf Erzsi mijn oma de cadeau gegeven bontmantel weer terug, en ze nam hem ook aan, welwillend, zoals mag worden aangenomen. Hij was 'in poor condition,' zegt Erzsi. Ze schijnt het na al die jaren nog pijnlijk te vinden.

Op de eerste foto's waarop mijn grootouders in hun nieuwe vaderland Denemarken staan, zien ze er vreselijk verkleumd uit. Ze liggen in dikke jassen en met sjaals en wollen dekens op ligstoelen voor een houten huis en knijpen hun ogen dicht tegen de noordelijke zon. Ze rijden op fietsen over grindpaden, mijn oma en mijn tante hebben hoofddoeken om, en in dat platte landschap zien ze er met hun donkere wenkbrauwen Hongaarser uit dan ooit. De familie Lippmann had aan hen het zomerhuis van kennissen in Rungsted verhuurd, een stadje aan zee. Veel Denen ontvingen de vluchtelingen uit Hongarije met open armen en verleenden hun onderdak.

Op een zaterdag waren ze in Denemarken aangekomen. De maandag daarop werden mijn vader, mijn tante en hun neef op een school geplaatst, zonder een woord Deens te kennen. Ze leerden het ieder in hun eigen tempo. Mijn vader zegt dat hij op een ochtend in maart, slechts een paar maanden nadat ze in Denemarken waren gearriveerd, ineens merkte dat hij het nieuws op de radio begreep. Bij mijn tante duurde het langer. Ze zei de eerste maanden helemaal geen woord, maar toen deed ze op een dag haar mond open en sprak perfect Deens, zonder fouten en zonder accent. Mijn grootouders zouden hun zware Hongaarse accent nooit helemaal kwijtraken. Hun Deens klonk altijd diep deinend in plaats van krasserig boven in de keel, wat niet per se een nadeel was.

Mijn opa ging al na een paar weken aan het werk, aanvankelijk in een ziekenhuis in Kolding, en zodra hij als orthopeed in Denemarken was erkend, als chirurg in het orthopedisch ziekenhuis in Kopenhagen. Hij kon zich in het begin weliswaar nauwelijks met woorden verstaanbaar maken, maar een ganglion is tenslotte overal ter wereld hetzelfde. En mijn oma deed vreselijk haar best om een Deense huisvrouw te worden. Ze overdreef het bijna. Als er ooit een voorbeeldige Deense was geweest, dan was zij het wel. Ze sloot vriendschap met vrouwen uit de buurt, leerde naaien, werkte in de tuin – iets wat haar in Budapest misschien alleen maar bij gebrek aan een tuin nooit had geïnteresseerd. Ze schafte een hond aan, een Ierse terriër genaamd Paidi, die ik zelfs nog als een van ouderdom verzwakte en blinde hond heb gekend. Ze lette nog meer op de centen dan vroeger in Hongarije. En ze leerde koken en bakken. Ook dat had ze in Budapest nooit gedaan, en waarom ook, ze hadden tenslotte een kokkin.

Het oude leven werd afgelegd als een jasje dat je niet meer bevalt. Wat nu telde, was het nieuwe leven in Denemarken. Om de taal te leren, vertaalde mijn oma Hongaarse recepten in het Deens – waar ze die vandaan haalde, weet niemand – en gaf ten slotte zelfs een kookboek uit met de beste recepten voor goulash, meelballetjes, gevlochten brood van gistdeeg en Letscho. Op het titelblad glimlacht ze in de camera, een dampende schotel op een Deense teakhouten tafel zettend. Zo lievig als ze daarop kijkt, zo vriendelijk en dienend met haar schort om, doet ze me denken, ik kan het niet helpen, aan de wolf (uit 'De wolf en de zeven geitjes') nadat hij een stuk krijt had gegeten.

Ze kochten nieuwe meubels en een auto, bezochten concerten, nodigden nieuwe kennissen uit voor het eten en genoten ervan om aan zoiets exotisch als de zee te gaan wandelen. Al met al kan hun immigratie zeer succesvol worden genoemd. Mijn opa werd een succesvolle arts, ze betaalden met tegenzin maar punctueel, zoals alle goede burgers, hun belastingen, aten *frokost* tussen de middag, dansten met Kerstmis – dat ze op zijn Deens *Jul* noemden – hand in hand met de kinderen en later ook met de kleinkinderen om de boom, zoals het in Scandinavië de gewoonte is. Zelfs koning Frederik IX, en daarna zijn dochter, koningin Margarete, stonden hen wel aan, de laatstgenoemde niet in de laatste plaats misschien omdat ze ook een kettingrookster is.

*

Mijn opa zit in de woonkamer op de diepe, rode sofa waarop mijn grootouders 's avonds altijd televisiekijken. Het liefst Amerikaanse detectives, zoals *Columbo*, maar ook *Derrick* uit Duitsland, op de Deense televisie in de originele versie met ondertiteling. Maar nu staat de televisie uit. Over mijn opa's benen ligt een wollen deken, in zijn hand houdt hij een nagelschaartje. Hij is bezig capsules open te knippen waarin een wit poeder zit. Dat schudt hij afwisselend in een van de twee glazen die voor hem op de salontafel staan. Uit de luidsprekers komt het derde deel van het *Pianoconcert in a-klein* van Schumann, het *Allegro vivace*, gespeeld door Martha Argerich en begeleid door het National Symphony Orchestra onder leiding van Mstislav Rostropovich. Capsule na capsule stijgt het niveau van het poeder in de glazen, een hele lading capsules heeft hij al opengeknipt, de lege hulsjes liggen voor hem op tafel. Als hij zou opstaan, zou hij door het raam mijn oma zien die met een groot boeket vers afgesneden rozen het terras oversteekt. Ze loopt met snelle passen, licht naar voren gebogen, de schouders opgetrokken. De zon zal zo ondergaan, buiten is het nu kil.

Hij heeft ondertussen de ideale methode ontdekt om de capsules open te maken. Allereerst prikt hij met het schaartje in het midden en maakt het gat dan groter door de punt er dieper in te boren en een beetje met rukjes naar links en rechts te bewegen. Daarna trekt hij de punt er weer uit en knipt de capsule precies in het midden met kleine chirurgenknipjes rondom door.

In zijn ooghoek ziet hij dat mijn oma buiten op het raam afloopt. Hij kijkt niet op. Hij hoort dat ze zijn naam roept. Hij kijkt nog steeds niet op.

En alweer is een capsule opengeknipt en schudt hij de inhoud in een van de glazen.

Mijn oma tikt tegen het raam van de woonkamer.

Nu niet, denkt hij. Het werk dat hij nu doet, heeft iets kalmerends. Aldoor hetzelfde, honderd capsules, honderd keer prikken, knippen, schudden. Hij wil nu niet worden afgeleid. Niet door die afleiding.

Er wordt nog een keer getikt.

Mijn opa doet alsof hij het niet hoort. Hij probeert eruit te zien alsof hij helemaal in zijn monnikenwerk en de muziek opgaat. Hij houdt zijn hoofd gebogen en werkt door. Prikken, knippen, schudden. Prikken, knippen, schudden. Al snel is hij er ook werkelijk helemaal in verdiept.

Wanneer hij zijn hoofd weer optilt, ziet hij door het raam dat mijn oma weer bij de rozen staat. Ze heeft een zak aarde in haar hand. Mooi zo, denkt mijn opa, dan heb ik nog even rust.

*

Een jaar na hun aankomst in Denemarken werden mijn grootouders door de Deense radio geïnterviewd. De Hongaarse vluchtelingen – Denemarken had er iets meer dan duizend opgenomen – waren in dit kleine land iets bijzonders en men wilde weten hoe het hun verging. Mijn vader herinnert zich dat het radio-interview onopzettelijk komisch was. De anders zo zware stemmen van mijn grootouders waren bij deze gelegenheid puur van opwinding heel hoog geweest, en hadden in verhouding tot de stem van de Deense verslaggever geklonken alsof ze sneller werden afgespeeld. Ze hadden de vragen van tevoren gekregen, omdat ze zich nog onzeker voelden in hun nieuwe taal. Op die manier konden ze hun antwoorden eerst rustig thuis schriftelijk formuleren en daarna voorlezen. Het manuscript heeft mijn vader nog. Het is met een schrijfmachine getypt, veel is doorgestreept en in het handschrift van mijn oma in de marge gecorrigeerd.

Als eerste werd mijn opa ondervraagd. Hem werd gevraagd wat de betekenis was van de leren tas die in de gang hing. 'Die is voor ons vol herinneringen,' antwoordde hij. Die tas was het enige geweest dat ze uit Hongarije hadden kunnen meenemen, want het besluit om te vluchten was van het ene op het andere moment gevallen. 'Na de tweede Russische inval zaten we diep in de put. We zagen het niet meer zitten om in een land te moeten leven waar de leugen regeerde en dat ons zoveel teleurstellingen had bezorgd.'

'Hoe verliep de vlucht?' vroeg de Deense verslaggever.

'In feite eenvoudiger dan we ons hadden voorgesteld. We konden met de auto tot de grens rijden, en nadat de grenspolitie ons eerst de stuipen op het lijf had gejaagd, hebben ze ons ten slotte zelfs de weg naar Oostenrijk gewezen. Ze namen de auto in beslag, maar ons lieten ze gaan.'

'Waarom juist Denemarken?'

'Dat was toeval,' zegt mijn opa, 'maar ik mag nu wel zeggen: een enorm gelukkig toeval.' En daarna vertelt hij de verslaggever het verhaal dat ik ook vaak van mijn vader en mijn tante heb gehoord: mijn opa had tijdens de opstand een Deen leren kennen die met hulpgoederen van het Rode Kruis naar Budapest was gekomen. Toen het conflict zich toespitste, kon hij het land niet meer uit en vond toevallig onderdak in het ziekenhuis waar mijn opa de leiding had. Ole Lippmann heette hij, de eerste Deen die mijn opa in zijn leven ontmoette. Tijdens de Tweede Wereldoorlog was Ole Lippmann in het Deense verzet actief geweest. Mijn opa vond hem aardig en ze raakten bevriend met elkaar. En toen mijn grootouders overlegden waar ze uiteindelijk heen zouden gaan – de omstandigheden waren zwaar, Wenen was koud en onvriendelijk en geen van de landen die op hun verlanglijstje stonden, Australië, Canada, Amerika (zo ver weg van de Russen als maar mogelijk, dat was de hoofdzaak!), namen nog vluchtelingen op – kwamen ze toevallig langs de Deense ambassade. Denemarken. Waarom niet Denemarken? Ze gingen naar binnen, ze hadden tenslotte niets te verliezen – en toen kende men op de ambassade zowaar hun namen al, Ole Lippmann had over hen verteld en men leek er alleen maar op te hebben gewacht tot ze zich meldden. 'Zo werd Denemarken onze toekomst,' zegt mijn opa en hij verklaart Hongarije daarmee tot het verleden.

Daarna wendt de verslaggever zich tot mijn oma.

'En u, hoe vergaat het u?'

'Nu gaat het goed met me,' zegt mijn oma. 'Maar in het begin was het moeilijk. We hebben in Hongarije een verkeerde opvoeding genoten. Het was een feodaal systeem, en als je naar zo'n systeem kijkt, moet je niet alleen aan de landbouw denken, maar ook aan de opvoeding van de jeugd. Ik heb daar bijvoorbeeld nooit een man in de keuken gezien. Toen ik hier voor het eerst een Deense man in de keuken zag, dacht ik dat het zijn hobby was. Ik was zeer verbaasd toen ik ontdekte dat hij beter kookte dan zijn vrouw. Een huishoudster is in Hongarije net zo gewoon als in Denemarken een fluitende fluitketel. We hadden ook geen wasmachine, maar een wasvrouw. Een goede opvoeding voor een jong meisje in Hongarije betekent dat ze een diploma van de middelbare school haalt. Ik heb een goede opleiding gehad, maar ik heb nooit geleerd om te wassen, strijken en koken.'

'En nu hebt u dat geleerd?'

'Ja, maar u kunt zich wel voorstellen hoe moeilijk ik het daarbij heb gehad. Een van de moeilijkste dingen is het strijken van een overhemd. Dat heb ik van een man geleerd.'

'Hoopt u op een dag naar Hongarije terug te keren?'

'Nog niet zo lang geleden had ik dat gevoel nog, maar de afgelopen maand voelen we ons echt thuis in Denemarken. Als ik de stad in ga of boodschappen doe, heb ik altijd een beeld in mijn hoofd van de plek waar ik woon. Vroeger zag ik daarbij ons huis in Budapest voor me, nu zie ik onze woning in Hørsholm.'

Van Budapestse Joden waren het Deense staatsburgers geworden. Ze wilden niet opvallen, wilden erbij horen, niemand mocht weten dat ze communisten waren geweest, dat ze Joods waren, Joodse communisten uit Oost-Europa – dat alles mocht niet meer meetellen. Hoe had Julika dat ook al weer uitgedrukt:

voor ons begon het leven in 1945. En in Denemarken begon nu weer een nieuw leven. Het derde en laatste van mijn grootouders.

Keken ze ooit achterom?

Eén keer hebben mijn grootouders een actie ondernomen die werkelijk zeer ongebruikelijk mag worden genoemd: ze bezochten samen het voormalige concentratiekamp Mauthausen. Het moet eind jaren zeventig of begin jaren tachtig zijn geweest. Ze logeerden bij ons in München, hebben onze Peugeot geleend en zijn erheen gereden. Toen ze 's middags terugkwamen, zei mijn opa maar één zin: 'Er met de auto naartoe gaan, is veel aangenamer dan te voet.'

*

'Moet u zien.' Mijn oma komt de woonkamer in. Mijn opa kijkt op. Ze heeft een vaas met langstelige, donkerrode rozen in haar handen, zeker dertig stuks, de kelken zijn bijna volledig geopend.

'Moet u zien,' zegt ze nog een keer en ze houdt de bloemen voor zijn neus. 'En wat geuren ze.'

Mijn opa ruikt eraan.

'Mmm,' bromt hij. 'Wat zijn ze mooi. Net zo mooi als u.'

Mijn opa heeft mijn oma zoveel complimentjes gemaakt dat ze die op een gegeven moment waarschijnlijk helemaal niet meer als zodanig waarnam. Na elk bezoek dat ze samen hadden afgelegd en waar ook andere vrouwen aanwezig waren geweest, zei hij:

'U was de mooiste op de vismarkt.' ('*Maga volt a legs-zebb a halpiacon.*') Altijd dezelfde formulering. Zoals de spiegel van de boze stiefmoeder in het sprookje. Mijn oma zet de vaas op de eettafel. Ze plukt nog een paar laatste lelijke blaadjes weg en lijkt nu tevreden. Ze draait zich om, blijft besluiteloos staan. 'Waar hebt u het boek?' vraagt ze aan mijn opa.

Die is juist geconcentreerd bezig om de inhoud van een net opengeknipte capsule in een glas te schudden. Om het laatste restje er nog uit te krijgen, tikt hij met zijn wijsvinger boven op de capsulehelft.

'Het boek,' zegt mijn oma ongeduldig. 'Pista, het boek, waar hebt u dat gelaten?'

Mijn opa kijkt op. O, o ja, het boek. Hij steekt zijn hand tussen de kussens en trekt het tevoorschijn. *Final Exit* staat er op de cover. Daarboven, kleiner, in rode letters: *The #1 New York Times Bestseller*.

*

Ze hebben op verschillende manieren geprobeerd om aan dat boek te komen dat in het voorjaar van 1991 in Amerika was verschenen. Het was eerst bijna geheel onopgemerkt gebleven, maar na een groot artikel in de *Wall Street Journal*, dat in juli werd gepubliceerd, veroorzaakte het boek een schandaal. Een handleiding voor het plegen van zelfmoord, voor iedereen verkrijgbaar, zoiets was nog nooit vertoond. Al in augustus voerde *Final Exit* de bestsellerlijst van *The New York Times* aan, overal ter wereld verschenen er artikelen over in de kranten, ook in Denemarken. Een boek waarin wordt uitgelegd hoe je jezelf het veiligst, netst en snelst van het leven kunt beroven. Precies wat mijn grootouders nodig hadden. Mijn opa kon wel botbreuken opereren – van anesthesie had hij echter te weinig verstand. Maar hoe moesten ze aan *Final Exit* komen? Het boek werd niet in Denemarken verkocht en ook niet in Duitsland. In Europa was het alleen in Nederland verkrijgbaar. Maar in Nederland kenden mijn grootouders niemand. En internet bestond nog niet.

Eerst probeerden ze het via een bevriende, Deense arts. Die wist inderdaad de hand te leggen op het boek, las het, en besloot het niet aan mijn grootouders te geven. De in het boek uitgelegde methodes werden zo nauwkeurig omschreven, waren zo effectief, dat hij het gevoel had actief bij hun plannen betrokken te worden als hij degene was die hun dat boek bezorgde. Hij belde mijn grootouders op en zei dat hij hen niet wilde helpen. Dus belde mijn oma Erzsi op, waar heb je tenslotte anders een vriendin in Amerika voor? Erzsi zegt dat ze mijn oma het boek niet wilde sturen. Maar die had zo aangedrongen en zo vaak opgebeld, dat, zo vertelt ze, haar man het boek ten slotte had gekocht en naar Kopenhagen gestuurd. Erzsi zegt dat mijn oma haar later belde dat het pakje niet was aangekomen. En dat haar man het boek uiteindelijk voor de tweede keer had gekocht en naar Kopenhagen gestuurd. Het tweede exemplaar kwam wel aan.

*

Ik bestel *Final Exit* voor mezelf bij Amazon, twee dagen later arriveert het met de post. Een volstrekt normaal, bruin pakketje. Er zit geen begeleidend schrijven bij dat je het boek beter niet kunt lezen als je net aan een zware depressie ten prooi bent gevallen. Er zit ook geen sticker op die voor een gevaarlijke inhoud waarschuwt, zelfs niet eens een hoopvol '*Don't try this at home*'. Nee, het is een volstrekt normaal, goed in de hand liggend pocketboek in het Engels – een Duitse vertaling is nooit verschenen. 256 pagina's, 10,95 euro. Ik leg het eerst weg en laat het een paar dagen ongeopend in huis liggen, de voorzijde naar beneden. Ik vind het beangstigend dat ik het nu heb.

Als ik het later voorzichtig doorblader, lees ik als eerste over een methode van zelfdoding die als bijzonder doeltreffend wordt omschreven: het inademen van gas met behulp van een over het hoofd getrokken plastic tas. Ik moet aan mijn opa denken. Een concentratiekamp overleefd en dan dat? Ik klap het boek weer dicht en leg het in een kast met deurtjes die je kunt afsluiten, helemaal onderin. Hoewel dit boek bij mijn grootouders waarschijnlijk alleen maar positieve gevoelens teweeg zal hebben gebracht – ze zullen opgelucht zijn geweest toen het eindelijk met de post arriveerde, zullen nieuwsgierig de details hebben bestudeerd – krijg ik het gevoel alsof dit boek mijn grootouders heeft gedood. Alsof het een wapen is dat ze op zichzelf hebben gericht.

Maar op een gegeven moment lees ik het toch. Ik begin bij het voorwoord en houd pas op de laatste bladzijde op. Het leest snel en makkelijk, en als je je door het voorwoord heen hebt geworsteld, waarin verantwoording wordt afgelegd en om begrip wordt gevraagd, leest het als een trein. Het is een zakelijke handleiding over hoe men het beste een eind aan zijn leven kan maken, en richt zich tot mensen die al zeker van hun zaak zijn. Anders uitgedrukt: bij degenen die toch al van plan zijn zich van het leven te beroven, zal dit boek zeer welkom zijn. *Final Exit* zal mijn grootouders zeker erg hebben geholpen.

*

Bij mijn ouders in München staan in een kast een paar oude fotoalbums uit de jaren 1956 tot 1971. De meeste foto's heeft mijn vader genomen en die geven duidelijk blijk van zijn aanvankelijke enthousiasme voor de technische mogelijkheden van zijn camera: telkens weer zitten er in de albums kunstzinnige zwart-witafbeeldingen van tulpen geplakt, de ene keer met een scherpe achtergrond, de andere keer met een wazige. Er is één serie die op een kerstavond moet zijn gemaakt: voor waarschijnlijk een opgetuigde boom poseren drie mensen, waarschijnlijk mijn grootouders en mijn tante, ze zouden naar de camera kunnen wuiven, want schaduwen in het bovenste derde deel van de foto zouden handen kunnen zijn, maar helemaal zeker is dat allemaal niet: het was de fotograaf er alleen maar om te doen de kaarsen op de voorgrond scherp te krijgen.

In het album van 1956 ligt een losse foto, daterend van 12 december. Hij is op A4-formaat afgedrukt, en op de achterkant staat een stempel met: REDAKTIONEN AKTUELT KØBENHAVN, evenals in handschrift de titel: *Ungarske Flygtninge*. Op de foto staan mijn grootouders, één maand na hun aankomst in Denemarken; chic zien ze eruit, alsof er nooit wat was gebeurd. Mijn opa heeft een baret op zijn hoofd en een sigaartje tussen de lippen. Mijn oma draagt een mantel met een grote bontkraag en om haar hals een fijngestreepte, zijden halsdoek. Haar handen zijn in zwartleren handschoenen gehuld. Onder haar arm heeft ze nonchalant een Deense krant geklemd. Zulke vluchtelingen wenst elk land zich toch?

In de jaren daarop werd er door Europa gereisd, zoals de zwart-witansichtkaarten aantonen van het Atomium in Brussel, de Eiffeltoren, de Sacré-Coeur, de Arena van Verona, het Forum Romanum en Piccadilly Circus. En telkens weer foto's van het nieuwe vaderland: het kasteel in Helsingör, de koninklijke lijfgarde, de Kleine Zeemeermin.

Zomer 1964: groepsfoto van jonge fluitisten bij een vakantiecursus in Nice. Mijn vader draagt een donkere, hoornen bril en staat vooraan in het midden naast de leraar; op de achterste rij rechts een jonge vrouw met zomersproeten, lang, donker haar en pony: mijn moeder. Die zomer hebben ze elkaar leren kennen.

Zomer 1968: nieuw huis, nieuwe tuin, nieuwe

hobby – vanaf nu alles in kleur: mijn oma speelt in een roze-wit geruite blouse op groen gras croquet en poseert dollend voor de camera.

Augustus 1969: bruiloft van mijn tante. Op alle foto's die daarvan in het album zijn geplakt, staat mijn oma op de voorgrond. Ze heeft een donkergroene, tot op de grond hangende jurk aan, haar haren zijn opgestoken en versierd met een soort diadeem. Ze straalt. Ergens op de achtergrond is ook de bruid te zien, mijn tante, in het wit. Erzsi heeft me verteld dat mijn oma zich gedroeg alsof zij de bruid was. Ook de eerste dans nam ze samen met mijn opa voor haar rekening. Zelfs op de bruiloft van haar enige dochter: de mooiste op de vismarkt was zij en zij alleen.

Augustus 1971: mijn oma houdt haar eerste kleinkind op de arm, mijn neef, pas een paar dagen oud. Ze lacht, haar nieuwe rol schijnt haar te bevallen. Mijn opa staat niet op de foto. Mijn tante heeft me verteld hoe hij reageerde toen ze hem openbaarde dat ze zwanger was: 'Moet ik dan binnenkort met een oma naar bed?' Ze glimlacht aarzelend wanneer ze het vertelt.

*

In het jaar waarin ik ben geboren, 1971, één maand na mijn neef, verhuisden mijn grootouders naar het huis in Charlottenlund, waarin ze de rest van hun leven zouden wonen. In mijn herinnering is het als geen ander huis op de wereld, zelfs niet de huizen waarin ik zelf heb gewoond. Vanaf dit tijdstip ben ik niet meer aangewezen op de herinneringen van anderen, ik herinner me bijna elk detail nog. Hier stond een dressoir, daar hing een schilderij – ik heb alles opgeslagen alsof ik indertijd met een filmcamera door het huis heen ben gelopen en alles heb opgenomen. Door de voordeur rechtdoor kwam je in de logeerkamer, daar zoom ik in op een prent aan de muur, een geheimzinnige Chagall-poster waarop een man met een groen gezicht vioolspeelt. De camera beweegt terug naar de ingang en zwaait scherp naar rechts waar je door de grote woonkamer in de keuken komt.

Het was een houten huis, in een U-vorm gebouwd, een bruingeverfde bungalow die met de open zijde naar achteren om het terras lag. Meteen als je binnenkwam, werd je omringd door een bijzondere geur: een mengeling van het parfum van mijn oma, eenvoudige zeep, pompernikkel, vochtige houten eetplankjes en hond, en dat alles gehuld in de onontkoombare wolk van altijd verse sigarettenrook.

Bijzonder gecharmeerd was ik van de mensenschedel die bij mijn grootouders op de plank in het halletje bij de voordeur stond. Hij was echt, mijn vader had hem van een bevriende tandarts cadeau gekregen en 'Maria' gedoopt, omdat hij volgens de overlevering van een nonnenkerkhof afkomstig was. In de kaken zaten nog een paar gele tanden. Mijn opa pakte hem soms voor me en dan hield ik hem eerbiedig in mijn handen vast en griezelde.

Ik weet niet hoe vaak ik bij hen op bezoek ben

geweest. In mijn eentje misschien niet meer dan twee of drie keer. Maar het waren de opwindendste vakanties die ik kende. Vanuit München ging ik met het vliegtuig naar Kopenhagen, en als ik alleen reisde, kreeg ik een oranjekleurig plaatje om mijn nek waarop '*U.M.*' stond: *Unbegeleite Minderjährige*. De stewardessen waren ontzettend aardig, ik mocht in de cockpit, kreeg speelgoed cadeau, en bij het uitstappen mocht ik voor alle andere passagiers het vliegtuig verlaten en samen met de stewardessen in een speciaal busje naar de aankomsthal van het vliegveld rijden. En daar zag ik dan door de glazen ruit mijn grootouders al. Mijn oma in een leren jas en met een rode hoofddoek om, hond aan de lijn, sigaret tussen de vingers, ze ziet eruit alsof ze zich verveelt. Naast haar mijn opa, een hoed op zijn hoofd. Hij ontdekt mij, zegt iets tegen mijn oma, zwaait. Ze kijkt, ziet mij, lacht ineens, zwaait nu ook. De stewardess loopt met me door de douane. De schuifdeur gaat open, daar zijn ze, ze lopen op me af, de stewardess laat mijn hand los, ik ren naar hen toe, de hond komt dichterbij, daar is de hond, ik werp me in de armen van mijn oma en ruik haar rokerslucht. Eindelijk ben ik er weer.

*

Op een verregende zomerdag ga ik met mijn tante en neef naar Charlottenlund. Mijn tante rijdt met ons in haar auto de straat in waar mijn grootouders hebben gewoond. We parkeren tegenover het huis. Het tuinhek staat open, kleurig plastic speelgoed ligt her en der verspreid. We zijn wat bedrukt als we uitstappen. Daar is het dus. Een raar idee dat er nu andere mensen in wonen, kennelijk een gezin met kind. Het huis is niet meer bruin geverfd, maar wit. Het ziet er onschuldig uit. Een huis.

We staan er iets te lang voor te dralen om niet op te vallen. Bij nog een poging om over de haag te kijken, worden we door een ongeveer driejarig, blond meisje betrapt, dat net door de tuindeuren naar buiten komt, ons ziet en onmiddellijk weer het huis in rent. Even later komt ze op de arm van haar moeder terug, die ons vriendelijk vraagt of we iets zoeken.

Mijn neef legt uit wie we zijn. Ze vraagt ons, zo aardig zijn Denen, binnen te komen.

Binnen is alles anders. Op de grond van het halletje ligt sisal en het is zo goed als leeg. Woon- en eetkamer hebben geen houten betimmering meer, maar zijn witgeverfd, waardoor het er in zijn geheel veel vriendelijker en groter uitziet. Moderne meubels, glas, chroom, licht hout. In de slaapkamer is er een raam bij gekomen, en voor de kinderen, het zijn er twee, werd een geheel nieuwe kamer achter aan het huis vastgebouwd. Het ziet er allemaal uit als in een meubelcatalogus, een mooi huis voor een gelukkig, jong gezin. Mooi is het, mooi, maar op de een of andere manier ook vreemd.

Voordat we vertrekken, kijk ik nog in het gastentoilet dat aan het halletje ligt. En ineens is het er allemaal weer. Hier, in die kleine ruimte, lijkt de tijd te hebben stilgestaan, dezelfde lichtblauwe tegels als in de tijd van mijn grootouders – en dezelfde geur. Ik weet niet hoe het kan, maar de geur van rook en zeep is op de een of andere manier tussen de kille tegels blijven hangen. Ik doe de deur dicht en ga op de neergeklapte wc-deksel zitten. Een herinnering dat ik hier niet met mijn voeten bij de grond kan. Vroeger hing hier rechts op ooghoogte een bordje: 'Life Vest under your Seat' stond erop. Mijn opa vond zoiets leuk. Ik kijk opzij, het is er niet meer.

Die avond zitten we lang samen aan de eettafel van mijn tante. Een stemming als op een bijeenkomst na een begrafenis. We lachen, drinken rode wijn, bekijken oude foto's, herinneren ons details. Dat mijn oma niet kon fietsen, dat ze 's middags patience speelde, dat ze bij het avondeten rode wijn met spuitwater dronk. Op een bepaald moment verlaat mijn tante even de kamer, komt weer terug en legt een map op tafel, waar ze een A4'tje uit haalt dat in het handschrift van mijn oma is beschreven. Mijn tante had niet aangekondigd wat ze ging halen, en als dat tot me doordringt, schrik ik.

Het is een wie-krijgt-wat-lijst, gedateerd september 1991, dus minstens twee weken voor hun dood geschreven. Dus hebben ze in Kopenhagen bij elkaar gezeten en overlegd wie met wat blij zou kunnen zijn. Het was een deel van de aftelprocedure tot hun dood. Niets is gecorrigeerd, het schrift is heel netjes, het is haar testament.

Spectaculaire kostbaarheden hebben ze niet vermaakt, maar spullen met een zekere waarde waaraan ze waren gehecht. Sieraden, manchetknopen, een verzameling antieke munten. Als mijn tante klaar is met het voorlezen van de lijst, loop ik even weg uit de kamer. Ik wil alleen zijn. Ik weet ook niet waarom juist dit materiële aspect van haar afscheid me zo ontroert. Op de een of andere manier is het allemaal vergeefs geweest. Voor mijn broer had het zakhorloge van mijn opa geen enkele waarde. Mijn andere broer heeft de manchetknopen nooit gedragen, niet zijn smaak, en ik de diamanten ring niet. De verzameling antieke munten, die mijn neef had gekregen, is uit het kluisje van zijn vader gestolen. Ik heb nog nooit gezien dat mijn moeder de ketting droeg die ze had gekregen. Mijn vader kreeg een ring die ergens in een bankkluis ligt. Het zijn maar voorwerpen, een ring die me niet staat, maar ineens heb ik het gevoel alsof het voor mijn grootouders veel meer heeft betekend. Iets bijzonders. Iets waar ze van hielden. En we wisten het niet naar waarde te schatten.

*

In mei 1991, vijf maanden voor hun dood, waren mijn grootouders nog een keer in Budapest. Mijn vader gaf daar een concert en zij gingen met hem mee. Mijn moeder was er ook bij. Ze hadden hun intrek genomen in het Radisson Béke, een luxe hotel van een ouderwetse charme en met lange, met tapijt belegde gangen, zo'n vijfhonderd meter van hun voormalige woning aan het Oktogon. Ik ben daar ook een keer geweest, later. Voor de deur staan jongemannen in cape en met portierspet, ze roken en kletsen, en het komt volstrekt niet in hun hoofd op om je met je bagage te helpen.

Mijn opa moet in die tijd al behoorlijk zwak zijn geweest, maar hij stond erop deze reis te maken. Mijn oma zette de arts met wie ze bevriend waren net zo lang onder druk tot deze, tegen zijn geneeskundige overtuiging in, aan de hartpatiënt voor de vliegreis een verklaring van geen bezwaar afgaf. En aldus vlogen ze naar Budapest.

Mijn moeder vertelt dat ze samen in de hotellobby hof hadden gehouden. Ze hadden zich netjes aangekleed en 's middags vrienden ontvangen. En dan somt mijn moeder een paar Hongaarse namen op die me allemaal niets zeggen.

Ik stel me voor hoe ze op een van de beige bankstellen zaten en in het bijzijn van de kelner, die met de koffiekan rondging, hun gebruikelijke dialogen voerden.

Kelner: 'Wilt u nog koffie?'

'Pista, willen we nog koffie?'

'Hmm, wat vindt u, neemt u nog een kopje?'

'Ja, waarom niet?'

'Als u nog een kopje neemt, dan neem ik er ook nog een.'

'Alstublieft, we willen graag nog een kopje.'

Twee foto's van deze reis ken ik. Op één zitten mijn

grootouders met mijn moeder en een paar mij onbekende, oudere mensen rondom een tafel. Mijn oma ziet er op deze foto minder filmsterachtig uit dan ik me haar herinner en meer passend bij haar naar binnen gekeerde voeten. Eén hand ligt bij een asbak, tussen de vingers de onvermijdelijke brandende sigaret; met de andere hand houdt ze haar rode handtasje op haar schoot vast, wat een beetje een angstige indruk wekt, of een verkrampte, ook al lacht ze op de foto. Mijn opa zit helemaal achteraan aan de tafel. Hij houdt zijn hoofd scheef en kijkt droevig glimlachend naar twee mij onbekende, lachende vrouwen. Eigenlijk ziet iedereen op de foto er ontspannen en gelukkig uit, alleen mijn oma niet.

Op de andere foto is alleen mijn opa te zien. Deze is kennelijk op een terras van een koffiehuis genomen, op de achtergrond zijn een markies en een kelner in een witte livrei te zien. Mijn opa kijkt naar het tafeltje voor zich, dat echter net buiten beeld ligt. Hij heeft zijn witte, borstelige wenkbrauwen in het midden opgetrokken, hij ziet er bezorgd uit. En zijn nek komt zo pezig en dun uit zijn overhemd tevoorschijn, dat hij wel iets weg heeft van een schildpad die zijn schild is kwijtgeraakt.

Op een avond gingen mijn oma en mijn vader naar het theater. Mijn opa was daar te zwak voor en mijn moeder verstond het Hongaars niet goed genoeg, dus brachten ze samen de avond door, schoondochter en schoonvader. Ze zijn in het restaurant van het hotel gaan eten, herinnert mijn moeder zich, en hadden een heerlijke avond. Hij was heel charmant geweest. Een goede luisteraar, galante tafelheer, een ontzettend lief mens. Wist je dat hij heel erg van dubbelzinnige grapjes hield?

Ik denk aan de plastic asbak die voor te veel seks waarschuwde.

Wanneer mijn moeder het over hem heeft, klinkt er iets van spijt in haar stem door, dat ze uiteindelijk zo weinig van hem af weet, over zoveel nooit met hem heeft gesproken. Maar dan herinnert ze zich weer een van zijn grappen, weet je wat hij over de benen van je oma zei, en ik weet het, maar ze vertelt het toch. Familieverhalen.

Mijn moeder vertelt me ook over een ruzie die, dacht ze, op die reis naar Budapest plaatsvond en waar ze een onaangename herinnering aan heeft overgehouden. Een etentje met meerdere mensen, ze weet niet meer waar, ze weet niet meer met wie. Mijn opa, zoals altijd keurig gekleed, morst saus op zijn das. Mijn oma berispt hem. Kijkt u toch uit, moet u nu zien wat u hebt gedaan, die mooie das, Pista, let toch eens op! In het bijzijn van iedereen vaart ze heftig tegen hem uit, tegen deze waardige, oudere heer met zijn witte snor, en behandelt hem in het bijzijn van iedereen als een klein, dom jongetje.

En ze roert nog iets aan – weet ik nog dat mijn opa, terwijl andere mensen om hen heen stonden, altijd helemaal totaal op mijn oma was gefixeerd? Als iemand hem aansprak en hem wat vroeg, dan was het volstrekt normaal voor hem om zich zonder verontschuldiging tot mijn oma te wenden met de vraag: 'Wat zegt hij?' Alsof zij alleen zijn taal sprak en niemand anders hem verstond.

En hoe vonden mijn grootouders Budapest na zoveel jaren? Al te veel zal er sinds 1956 niet zijn veranderd in de stad – een paar logge, stalinistische gebouwen meer, een paar jugendstilgebouwen minder. Voelden ze zich er thuis? Verbaasde het hen dat iedereen hen verstond terwijl ze een privégesprek voerden? In Denemarken hadden ze zich aangewend om hardop dingen te bespreken die niet voor andermans oren waren bestemd – als ze Hongaars spraken, verstond toch niemand hen. En dus stonden ze in de supermarkt of zaten in een restaurant en haalden naar hartenlust mensen over de hekel die zich vlak om hen heen bevonden. Of liever gezegd, alleen mijn oma hekelde andere mensen en mijn opa stemde met haar in, beiden op normale conversatietoon. Het is weleens voorgekomen dat iemand zich omdraaide en in het Hongaars wat terugzei, maar niet vaak genoeg voor hen om het af te leren.

Na de reis vertelde mijn opa aan de Deense arts, die heel opgelucht was dat hij behouden in Denemarken was teruggekeerd, over de reis: de cirkel was nu rond, had hij gezegd. Hij had in zijn vaderland een concert van zijn zoon bijgewoond, nu was het 'volbracht'. 'Het is volbracht,' dat waren exact zijn woorden, vertelt de arts mij. 'Hij zei het zoals Jezus aan het kruis.'

Terug in Kopenhagen ging het steeds slechter met de gezondheid van mijn opa. Binnen een paar weken viel hij twaalf kilo af. Hij was altijd moe, vooral 's morgens. Na het ontbijt ging het wat beter. 's Avonds brak het zweet hem regelmatig uit, hij had last van slaapstoornissen, werd meerdere keren per nacht wakker, wat vroeger nooit was voorgekomen. En hij was terneergeslagen, zelfs verdrietig. Ook dat was volstrekt ongebruikelijk voor hem, hij was zijn leven lang een evenwichtig mens geweest (als hij niet achter het stuur van zijn auto zat). Eind augustus consulteerde hij een arts die bevestigde dat hij licht depressief was, wat ook een bijwerking van de slaaptabletten kon zijn. Hij was geestelijk volkomen gezond, maar lichamelijk zwak en daarom depressief – zo staat het in de diagnose die mijn opa tussen zijn officiële documenten heeft bewaard. Het liep ten einde. Hij wist dat het niet lang meer zou duren.

*

Op de dag voordat mijn grootouders zelfmoord pleegden, op 12 oktober 1991, was mijn nichtje bij hen op bezoek. Het was al donker toen ze aan het einde van de middag kwam – de herfstdagen zijn kort in Denemarken – en mijn opa kreeg ze helemaal niet te zien. Hij sliep al, zei mijn oma, maar ze zou hem de hartelijke groeten overbrengen.

Mijn nichtje denkt niet graag terug aan dat bezoek. Het was deprimerend geweest, vertelt ze, onze oma maakte een droevige indruk. Het kan natuurlijk zijn dat ze pas achteraf in de herinnering van mijn nichtje een droevige indruk maakte, maar wanneer mijn nichtje over dat bezoek vertelt, huivert ze, alsof ze iets onaangenaams van zich af wil schudden, en schenkt me daarna een verontschuldigende lach.

Ze waren in de woonkamer op de sofa gaan zitten, mijn oma had een plaat opgezet, of liever gezegd ingebracht, want ze bezaten een modern apparaat van Bang & Olufsen met een draaitafel die geruisloos naar buiten en naar binnen gleed. Ik herinner me dat je door de bruine plexiglasdeksel kon zien hoe het element naar de juiste positie bewoog en de naald in de groef zakte. Het apparaat had iets futuristisch dat veel indruk op me maakte. Daarna kwam mijn oma bij mijn nichtje op de bank zitten. Ze had Wagner opgezet. Tristan en Isolde, 'Isoldes Liebestod'. Buiten was het donker, mijn opa sliep, een rode staande lamp brandde en verspreidde weinig, maar warm licht. De zangeres begon, als van ver klonk zacht een klarinet op, daarna strijkers. Mijn nichtje verstond de Duitse tekst niet, maar het leek over iets droevigs te gaan, een soort verzuchting op een gedragen toon die steeds hoger klonk, en in gelijke mate zwol het geluid van het orkest aan. Mijn oma leek vastbesloten de hele 'Liebestod' uit te luisteren. Ze zat er rustig bij, rechtop als altijd, de hond was naast haar op de bank gesprongen, ze aaide langzaam over haar kop en zei niets. De volle acht minuten, of hoe lang de aria ook duurde op de opname die mijn grootouders bezaten. Mijn nichtje vond de situatie akelig. Mijn oma was zo serieus, wat niets voor haar was, doorgaans babbelde ze liever. 'Heb je *Dirty Dancing* gezien en vond je hem leuk?', 'Wat vind jij van koning Ludwig, de tweede, en Neuschwanstein?', over zulke dingen praatte ze graag. Toen de laatste maat was weggestorven, stond mijn oma op, liep naar de platenspeler, bediende de knop die de toonarm terug naar het begin liet lopen, en 'Isoldes Liebestod' klonk van voren af aan. Deze keer bleef mijn oma naast de platenspeler staan. Weer die treurige melodie, heel eenvoudig de zang, als een slaapliedje voor een kind, met daarbij tremolo's van strijkers, hoorns, hoger en hoger de stem van de zangeres wier vibrato meerder tonen omvat. Plotselinge overgang naar mineur.

'Ken je het verhaal van Tristan en Isolde?' vraagt mijn oma, terwijl ze de muziek zachter zet.

Mijn nichtje schudt haar hoofd, 'Nee'.

En daarna vertelt mijn oma haar het verloop van de tragedie. Dat Tristan sterft en Isolde heel veel van hem houdt en naar hem kijkt terwijl hij dood is, dat ze naast het lijk van haar geliefde staat. En vreugde voelt, vreugde!

Isolde zingt: '*Mild und leise, wie er lächelt, wie das Auge hold er öffnet, seht ihr's Freunde? Seht Ihr's nicht? Immer lichter, wie er leuchtet, stern-umstrahlet hoch sich hebt?*' – Mild en zachtjes, zoals hij glimlacht, zoals zijn oog lieflijk opkijkt naar omhoog. Zien jullie dat, vrienden? Zien jullie het niet? Steeds ijler zoals hij straalt, zich opheft door fonkelende sterren omringd?

Mijn oma zet de plaat weer zachter. Isolde wil niet

alleen leven, legt ze mijn nichtje uit, zoveel houdt ze van Tristan.

Mijn nichtje, indertijd zestien jaar, heeft het gevoel dat er te veel van haar wordt gevraagd. Ze vindt het allemaal nogal luguber, ze begrijpt niet waarom onze oma deze voordracht houdt. Ze begrijpt niet wat mijn oma van haar wil. Komt hierna nog wat? Wil ze soms samen met haar naar de opera en is dit de voorbereiding?

'*Ertrinken... versinken... unbewusst... höchste Lust,*' zingt Isolde – Verdrinken, wegzinken, onbewust, hoogste genot.

'Ze volgt hem in de dood,' zegt mijn oma. 'Hoor je, nu heeft het gif zijn werking gedaan, hoor je hoe mooi, nu is ze dood.'

Mijn nichtje probeert de indruk te wekken heel geïnteresseerd te zijn. Ze is bang dat mijn oma de arm voor de derde keer naar het begin zal laten teruglopen. Ze probeert smoezen te bedenken om meteen te moeten vertrekken. Maar nadat de laatste maat voor de tweede keer is weggestorven, zet mijn oma de platenspeler uit en zegt monter: 'Kom, laten we een kaartje leggen. De laatste keer stond het twee-een voor mij.'

*

Toen ik klein was, heb ik in het geheim een lijstje gemaakt met wie er van mijn grootouders het eerste dood zou gaan. Het stond in omgekeerde volgorde, want het lijstje ontstond uit liefde en angst: de eerste plaats werd dus in beslag genomen door degene die het langst zou leven. Ik was indertijd een jaar of zes, zeven oud en hield elk uur rekening met het overlijden van mijn oma's en opa's, zo oud leken ze me. Hun naderende dood stond me voortdurend voor ogen, en ik trof voorzorgsmaatregelen. 'Dat erf ík toch?' vroeg ik mijn oma uit Heidelberg bij elk weerzien terwijl ik naar de gouden armband wees die ze altijd droeg. En dan lachte ze en zei ja. Ze was net zestig geworden en zo gezond als een vis.

Mijn Heidelberse oma, de moeder van mijn moeder, stond op mijn geheime lijstje op plaats een. Als mijn vier grootouders dan toch moesten sterven – wat ik als het ook maar even had gekund met alle middelen zou hebben verhinderd, en ik zou bereid zijn geweest ook de gouden armband van mijn Heidelbergse grootmoeder daarvoor op te geven – moest zij van allemaal het laatste doodgaan. Ze was zo klein dat ik haar op mijn tiende al recht in de ogen kon kijken, en zo lief dat ik vond dat ze een heel lang leven had verdiend. Plaats twee werd ingenomen door mijn Kopenhaagse opa, de goedmoedigste en geduldigste mens in mijn wereldje. Op plaats drie stond mijn Heidelbergse opa, een ontwikkelde, voorname man, met wie wij kleinkinderen ontzettend veel pret konden beleven. En op de laatste plaats belandde mijn Kopenhaagse oma. Uitgerekend degene met wie ik me eigenlijk zo verbonden voelde. En daarom is het niet alleen een bijzonder macaber lijstje, maar ook een verdrietig. Want het openbaart niet alleen mijn kinderlijke pedanterie, maar met het toebedelen van zo'n lage plaats aan mijn Kopenhaagse oma, op wie ik toch zo zou moeten lijken, ook mijn waardesysteem: ze was grillig, onberekenbaar en egoïstisch, net zoals ik, en hoorde daarom bestraft te worden.

Maar het zou allemaal totaal anders lopen. Mijn geliefde, kleine, Heidelbergse oma stierf als eerste. Ze viel op een dag om bij het ophangen van de was en was dood. Daarna stierven mijn Kopenhaagse grootouders, zij stierven tegelijkertijd, zelfde dag, zelfde uur. Veel later stierf mijn Heidelberse opa. Er was geen vierde plaats.

*

Hoe voelen twee mensen zich op hun laatste dag? Denken ze bij alles wat ze doen dat het de laatste keer is? De laatste keer in de tuin, het laatste glas melk, de laatste keer tandenpoetsen? Of heb je zulke gedachten op die dag allang achter je gelaten? Heb je in de voorafgaande weken en maanden innerlijk al afscheid genomen van al die dingen die het leven normaliter vormgeven, zowel in aangename als in onaangename zin, en verbied je jezelf elke gedachte aan het einde en leef je verder zoals voorheen, tot het uur is gekomen dat je hebt afgesproken te zullen sterven?

Hoe waren mijn grootouders op de dag van hun dood, ik heb me dat vaak afgevraagd. Hebben ze gehuild? Waren ze één bonk zenuwen? Enigszins gespannen? Stil? Het zal zeker allemaal iets makkelijker zijn geweest omdat ze met zijn tweeën waren. Gedeelde smart is halve smart. Maar is dat waar? Was dat voor allebei waar?

Iedereen met wie ik over de dood van mijn grootouders heb gesproken, deelde mijn mening dat het idee, de wil en het plan om samen met mijn opa zelfmoord te plegen, van mijn oma afkomstig moet zijn geweest. Velen waren ervan overtuigd dat dit plan al lang bestond. En niemand had haar daarvan kunnen weerhouden, zelfs mijn opa niet, die, daar zijn we het allemaal over eens, zich er vast en zeker een hele tijd tegen zal hebben verzet, maar zich ten slotte toch gewonnen zal hebben gegeven. Zoals altijd.

In de rouwadvertentie die in een Deense krant verscheen, en die voor buitenstaanders vanwege dezelfde dag van overlijden uiteraard vragen kon oproepen, stond: 'Hun grote liefde is het antwoord'. Dat is de mooiste manier om naar hun dubbele zelfmoord te verwijzen. Maar is dat de hele waarheid? Spreekt er niet vooral ook angst uit deze daad? De angst van een vrouw om niet geliefd te zijn, alleen te zijn, anderen tot last te zijn, misschien zelfs ooit ziek en gebrekkig te worden? En is er ook niet een aanzienlijke portie agressie voor nodig om je tegenover je eigen kinderen te gedragen alsof je volkomen alleen op de wereld bent?

*

Mijn opa zit nog steeds op de sofa. Hij heeft het boek *Final Exit* in zijn handen, maar hij heeft het laten zakken en zijn ogen gesloten.

Mijn oma komt de kamer in.

'Waarom zit u in het donker?' zegt ze en ze doet de staande lamp naast de sofa aan. Ze heeft een blocnote en een pen in haar handen.

Mijn opa doet zijn ogen open.

'En wat vindt u ervan?' Ze gaat naast hem zitten.

Hij schijnt niet te begrijpen wat ze bedoelt.

'Het is vast veiliger per injectie, nietwaar? Dan komt het direct in de bloedbaan terecht, dat is logisch.'

'Hm.' Mijn opa houdt het boek omhoog, kijkt erin, bladert.

'Het enige dat ertegen pleit,' gaat mijn oma door, 'is dat ik niet weet of ik snel genoeg ben. Ik zou u eerst een spuit geven. En pas daarna mezelf. Ik weet het niet, wat vindt u ervan? Hoeveel seconden zal het duren tot het slaapmiddel gaat werken?'

Mijn opa bladert een paar bladzijden terug. 'Waar stond dat toch...?' mompelt hij.

'Maar veiliger is het beslist.' Het lijkt wel of mijn oma in zichzelf praat. 'Het werkt veel sneller. Anders duurt het... Wat denkt u, een minuut? Langer? Veel langer niet, dat staat daar toch allemaal in, nee, kijkt u eens, waar staat dat dan? Waar kijkt u dan nu naar?'

Ze pakt het boek uit zijn handen, hij laat haar begaan.

'Ik zit erover te denken...' zegt ze, terwijl ze een paar keer achter elkaar snel heen en weer bladert, 'mis-

schien moet ik u een spuit geven en het zelf opdrin-
ken, ik zou alleen graag willen weten hoe lang dat...
Aha, hier.'

'Ik ben tegen een injectie,' zegt mijn opa. 'Laten we
het nu maar precies doen zoals we hebben besproken.'
Mijn oma volgt met haar vinger de regels. *'Injection
is the perfect way, of course, but...* hm, hm, hm.'

'We mogen geen risico's nemen,' zegt mijn opa.

'Precies,' zegt mijn oma terwijl ze verder leest in de
Engelse tekst. *'Time to coma usually one minute; avera-
ge five point six minutes...'*

De telefoon begint te rinkelen.

Mijn oma schrikt zo erg dat ze ineenkrimpt.

'Wie kan dat zijn?' vraagt mijn opa.

'Hoe moet ik dat weten,' zegt mijn oma, die nu pas
merkt hoe gespannen ze is.

Het toestel gaat voor de tweede keer over. Ze vindt
het rinkelen heel hard en schril klinken. Alsof iemand
hen wil tegenwerken.

'Misschien is er iets met de hond?' zegt mijn opa.

'Misschien. Maar misschien is het Sebastian weer. Of
de familie in München. Of iemand die een verkeerd
nummer heeft gedraaid.' Mijn oma is nu erg nerveus.

De telefoon gaat nog een paar keer over, dan houdt
het gerinkel op.

'Er is vast iets met de hond,' zegt mijn opa.

'Vast niet, Pista! Waarom zou Inga ons hier opbellen, denkt u toch na. Als er iets met de hond was, zou
ze naar München bellen, Pista, ze heeft het nummer,
waarom zou ze hierheen bellen, waarom?'

Mijn oma gooit het boek met een harde klap op de salontafel.

'En waarom zou er iets met de hond zijn? Wat moet er met de hond zijn? Het gaat goed met haar. Het ging vanochtend goed met haar, het ging vanmiddag goed met haar, waarom zou dat nu anders zijn?'

Mijn opa pakt het boek.

'Misschien zijn we vergeten de mand mee te geven, of iets anders is...'

'Maar die zijn we niet vergeten, Pista, ik heb aan alles gedacht.' Mijn oma praat nu harder dan haar bedoeling is. 'Terwijl u goed uitrustte, heb ik alles bij elkaar gezocht, de mand en het voer, de lijn, de borstel, zelfs hondenkoekjes heb ik ingepakt. En nu zijn we op het vliegveld, we vliegen naar München, Pista, begrijpt u dat dan niet, daarom hebben we Mitzi toch naar Inga gebracht?'

Mijn oma ondersteunt haar kin met haar handen en ziet eruit alsof ze probeert zichzelf te kalmeren. Eenentwintig, tweeëntwintig...

'En, hebt u een beslissing genomen?' vraagt mijn opa rustig.

Mijn oma haalt een pakje Prince Denmark uit haar tas en steekt een sigaret op. Ze neemt een stevige haal.

'U hebt gelijk, we doen het zoals we het ons hebben voorgenomen,' zegt ze. 'Ik ben alleen bang dat u te snel sterft, ik wil niet alleen zijn.'

Ze staat vlug op. Wanneer ze de kamer uit loopt, doet ze het licht aan.

*

Samen met mijn tante ga ik in een Kopenhaags bejaardentehuis op bezoek bij twee vrouwen die vroeger bevriend waren met mijn oma en ook op haar gymclub voor senioren hebben gezeten. De ene, Clara, is negentig en woont hier al een paar jaar; de andere, Margarete, is tweeëntachtig en pas een paar weken geleden hierheen verhuisd.

Beiden zien ze eruit alsof ze een groot deel van hun leven in de buitenlucht hebben doorgebracht: hun huid is enigszins gelooid en gevlekt, hun haar is wit, beiden hebben helblauwe ogen en een hartelijke lach. We ontmoeten hen in Margaretes onlangs betrokken seniorenflat en moeten onmiddellijk weer op pad, het is tijd voor het middageten en de eetzaal ver weg. Ze zijn hier heel stipt wat de tijden betreft, zegt Clara en ze pakt haar wandelstok, ze zegt het tegen mijn tante en die vertaalt het voor me.

We nemen de lift, die voor de mindervaliden met handgrepen is uitgerust. In het souterrain lopen we door een lange gang. Linoleum op de vloer. We halen een paar mensen in die langzaam achter rollators voortschuifelen. Allemaal hebben ze pantoffels aan. De wielen van de rollators piepen op het linoleum.

In de eetzaal is het als in een jeugdherberg, alleen is iedereen hier oud – blauwe dienbladen, draadjesvlees met aardappelpuree en erwten uit blik. Clara en Margarete eten heel voorzichtig, hapje voor hapje, ze kauwen lang. Later drinken we boven bij Margarete thee uit wit-blauw, Kopenhaags porselein. We praten over koetjes en kalfjes, en ik ben blij dat mijn tante is meegekomen, want op die manier kunnen zij Deens met elkaar praten en vertaalt mijn tante het voor mij, en heb ik ondertussen de tijd om te proberen te raden waarover ze het hebben. Het gaat over kleinkinderen, over de voordelen van dit bejaardentehuis, over de bijzonder zachte herfst dit jaar. Er lijkt geen einde aan de middag te komen, vijf minuten, tien minuten, de uren kruipen. Zelfs Clara's oorlelletjes zijn gerimpeld. Ze heeft welig tierende levervlekken. Margarete ziet er daarentegen nog bijna jong uit, bijna. We praten ook over mijn grootouders. Vera – een lieve vriendin, zo'n indrukwekkende persoonlijkheid, wat een paar. Ze hebben veel over muziek gesproken, zeggen ze allebei, over concerten, de opera, het culturele leven in Kopenhagen. En toen dat einde... Ze schudden allebei hun hoofd.

Ik heb niet het gevoel dat deze beide vrouwen, hoe aardig ze ook zijn, mij iets over mijn grootouders zouden kunnen vertellen wat ik nog niet weet. Ze zijn eerder een stel vertegenwoordigers van het Kopenhaagse publiek voor wie mijn grootouders hun succesvolle toneelstuk hebben opgevoerd: het interessante, fascinerende echtpaar dat van muziek hield. Mijn oma hield hen vriendelijk babbelend op afstand, toonde hun de stralende buitenkant van hun leven, rookte er sigaretten bij en zag er schitterend uit. Het was de rol van haar leven die ze foutloos speelde.

Ik probeer me voor te stellen hoe het zou zijn

geweest als die zelfmoord nooit had plaatsgevonden. Mijn opa zou in het voorjaar van 1992 een natuurlijke dood zijn gestorven. En mijn oma zou vandaag de dag net zo oud zijn als Clara en Margarete. Zou ze ook in een bejaardentehuis wonen? Misschien in dit huis dat als goed bekendstaat? Wanneer we vertrekken, denk ik dat ik mijn oma begrijp.

*

Ongeveer zes weken voor hun dood kwam mijn oma onaangekondigd langs bij mijn tante. Dat was zeer ongebruikelijk, want ze hadden in die tijd geen al te best contact. Bovendien reed mijn oma niet graag auto en het was eigenlijk nog nooit voorgekomen dat ze zonder afspraak van Charlottenlund naar het nog noordelijker van Kopenhagen gelegen Lyngby kwam, waar mijn tante toen woonde, aanbelde en gokte of er wel iemand thuis was. Mijn tante was dus zeer verrast toen ze door de intercom de diepe stem van haar moeder hoorde die vroeg of ze boven mocht komen. Ze bracht een aardbeientaart van de bakker mee, de lekkerste die ze kende, zegt mijn tante. Ben je boos op me, had ze in plaats van een begroeting gevraagd. En ze had haar opgedragen om haar vader te bezoeken, het ging heel slecht met hem.

Dus reed mijn tante niet lang daarna naar Charlottenlund. Ze schrok toen ze mijn opa zag. Zo mager was hij geworden. Hij lag in bed en naast hem stond een zuurstofapparaat. Zijn ademhaling was zwaar en hij was heel moe. Ze spraken even met elkaar, over niets in het bijzonder, daarna wilde hij slapen. Mijn tante weet niet meer wat ze had verwacht, ze weet alleen nog dat ze teleurgesteld was toen ze weer vertrok.

Dat was begin september.

In de laatste weken en maanden hebben ze van ons allemaal stuk voor stuk afscheid genomen, ook al hebben we dat pas achteraf begrepen, of willen begrijpen.

Op mijn verjaardag eind september stuurden mijn grootouders mij een envelop waarin een felicitatiekaart zat met een biljet van duizend mark. Duizend mark! Voor die tijd wist ik niet eens wat voor kleur een biljet van duizend mark had (bruin). Ik moest daarvoor iets moois voor mezelf kopen, stond er in het handschrift van mijn opa op de kaart geschreven, iets waardoor ik me hen altijd zou blijven herinneren. Daarna volgde de kardinale zin: 'We hebben altijd goed met elkaar kunnen opschieten, je bent ons heel dierbaar.' En tot slot wensten ze me: 'Veel liefs en het beste in de komende jaren.'

Duidelijker hadden ze het toch niet kunnen zeggen?

In mijn dagboek uit 1991 kan ik nalezen hoe ik dat indertijd heb geïnterpreteerd. Ik was me ervan bewust dat mijn opa erg ziek was en dat deze brief als een afscheid klonk, maar ik dacht niet dat mijn oma ten uitvoer zou brengen wat ze tegenover mijn ouders had aangekondigd. Mijn moeder had me dat indertijd verteld. Ze maakte zich zorgen om mijn oma die van plan was zelfmoord te plegen als mijn opa zou sterven, maar – ik herinner me dat gesprek nog goed – ze had mijn oma aangeboden bij ons in München te komen wonen. Daarmee, zo leek het, was het probleem opgelost. Of op zijn minst uitgesteld. 'Ze kan soms erg theatraal zijn en maakt het graag erger dan het is,' schreef ik toen, mezelf geruststellend in mijn dagboek.

Op de avond dat mijn grootouders in Kopenhagen zelfmoord pleegden, was ik samen met een paar andere mensen in München bij een vriendin voor het avondeten uitgenodigd. Het was dezelfde avond, de avond van 13 oktober 1991, ik heb mijn agenda nog van dat jaar. Ik herinner me nog dat ik het gezelschap aan tafel vertelde dat we ons zorgen maakten. Dat mijn opa erg ziek was, doodziek, en mijn oma had aangekondigd dat ze geen dag zonder hem verder wilde leven. Ze wilden samen zelfmoord plegen. Dat vertelde ik. Zomaar eventjes aan tafel, de pasta werd net afgeruimd. Ik weet nog dat het me niet lekker zat dat ik het had verteld. Dat ik ineens dacht dat het te privé was, dat ik het beter voor me had kunnen houden. Maar voordat ik het wist, was het eruit. En ik merkte dat het onderwerp de anderen fascineerde. Dat ze allemaal hun oren spitsten en doorvroegen. Dat het zogezegd een goed gespreksonderwerp voor een gezellig avondje was. En het was toch ook helemaal niet zeker dat ze zelfmoord zouden plegen? Het was toch veel waarschijnlijker dat ze alleen maar met de gedachte speelden, het zonder na te denken hadden gezegd, en dat mijn oma toch wist dat ze altijd bij ons in München kon komen wonen? Of bij Erzsi in Amerika. En het was ook helemaal niet bekend wanneer het zover zou zijn. Als het ooit zover zou komen. Wat hopelijk niet gebeurde. Het was maar een verhaal, alleen maar een goed verhaal. Dat zei ik tegen mezelf. En gedane zaken nemen geen keer.

*

Mijn vader heeft me over een doos met papieren van mijn grootouders verteld, die hij ergens in een la bewaart. In die doos heeft hij ook het document gevonden waaruit bleek dat mijn opa niet in Mauthausen, maar in Gunskirchen werd bevrijd. Hij weet niet wat er verder nog allemaal in zit, het zijn gewoon allerlei papieren, zegt hij, die her en der bij mijn grootouders lagen toen hij in Kopenhagen was om na hun dood hun huis leeg te halen. Hij had er gewoon een paar meegenomen, opgeborgen en er nooit meer naar gekeken. En nu zitten we bij mijn ouders thuis aan de keukentafel en voor ons staat die doos, waarvan de deksel niet dicht kan omdat hij propvol papieren zit.

Bovenop ligt een stapeltje brieven die aan mijn vader zijn geadresseerd. Het zijn de condoleancebrieven die hij na de dood van mijn grootouders heeft ontvangen. Opzij daarmee. Daaronder de laatste belastingaangifte van mijn grootouders. Ook niet zo interessant, vinden we. Daaronder een brief van de medische faculteit van de universiteit van Szeged, waaruit blijkt dat mijn opa aan hen zijn vakliteratuur heeft nagelaten, waaronder zevenentwintig jaargangen van het *Journal of Bone and Joint Surgery*. Gaandeweg halen we er alles uit. Pasfoto's van mijn opa uit verschillende decennia met verschillende brillenmodes, portretfoto's van mijn vader als kind, de kalender die in het jaar van hun dood in hun keuken hing, maar waarop alleen verjaardagen staan en bijna elke week een keer de aantekening 'concert'.

Dan haalt mijn vader een uit de krant gescheurd artikeltje uit de doos. Je kunt zien dat het een deel van de voorpagina van de krant is waar mijn grootouders op waren geabonneerd, de *Berlingske Tidende*, het is een stukje uit de kolom met korte berichten: '*Håndbog i selvmord*' luidt het kopje, dat met potlood is onderstreept. Het is het artikel dat hen op de hoogte bracht van het bestaan van het boek. Ze hadden het uitgescheurd en bewaard, en om een of andere reden heeft mijn vader het in de doos gestopt, en nu houd ik het in mijn hand, het oorspronkelijke artikeltje dat mijn grootouders bij hun dood hielp. In de tekst staat dat er in Amerika een boek is verschenen dat een handleiding voor zelfmoord is. Het heet *Final Exit* en voert de bestsellerlijst van *The New York Times* aan. Iemand, ik neem aan mijn oma, heeft de titel van het boek met potlood omcirkeld, drie regels verder is de naam van de schrijver onderstreept, en de strepen langs de randen zijn tot een geometrisch patroon verbonden, zoals je tijdens een telefoongesprek krabbels maakt. Naast het kopje heeft ze ook een soort dikke ui getekend, maar misschien is het ook een variant op het figuur schoppen van het kaartspel. Het ronde ding heeft door middel van schaduwarceringen ook nog perspectief gekregen.

We hebben nog iets in de doos gevonden: een briefje waarop mijn oma in het Hongaars iets heeft genoteerd. Onder elkaar staan de volgende punten:
- 18.30 slappe thee en geroosterd brood;
- 19.00 antibraakmiddel (normale dosis);
- 19.30 tabletten, slaapmiddel.

Ze heeft het in hetzelfde hoekige handschrift opgeschreven waarin ze ook onze verjaardagen op de keukenkalender had geschreven. Een volstrekt normaal lijstje: de todolijst voor hun zelfmoord.

*

Mijn oma zit op de rode sofa, die zulke zachte kussens heeft dat je er altijd een beetje te diep in wegzakt om er zonder moeite weer uit omhoog te kunnen komen, en pakt een doos in cadeaupapier in. Op het papier staan sinterklazen gedrukt, het is nog van december vorig jaar, maar dat maakt haar niet uit. Het is toch binnenkort al weer zover? Tussen de vingers van haar linkerhand houdt ze een brandende sigaret vast, die al bijna voor de helft uit as bestaat. Op de salontafel liggen al een paar ingepakte geschenken. En nog meer vellen inpakpapier, allemaal al een keer gebruikt en weer gladgestreken, plakband, een schaar. En een paar voorwerpen. Een doorzichtige plastic doos gevuld met munten. Een stel manchetknopen die in een doosje op een zijden kussentje zijn vastgezet. Een gouden zakhorloge.

Vanuit zijn stoel kijkt mijn opa toe terwijl ze een gouden lintje om de ingepakte doos bindt. Ze trekt de uiteinden een paar keer strak over de scherpe kant van de schaar om ze te krullen. Als ze klaar is, legt ze het bij de andere cadeaus.

'Mooi,' zegt mijn opa.

Mijn oma pakt de doos met de munten.

'Wie krijgt uw ring?' vraagt mijn opa.

Mijn oma kijkt op.

'Welke ring bedoelt u?'

'Die u nu draagt.'

'Erzsi,' zegt mijn oma. Ze tipt de as af – een wonder dat de as eigenlijk zo lang aan de sigaret is blijven hangen – en trekt tussen de vellen papier een rood-wit gestreept vel tevoorschijn dat de juiste afmetingen lijkt te hebben.

'En mijn horloge?'

'Wat zegt u?' Ze zet de doos op het papier en vouwt de zijkanten er bij wijze van proef overheen. Het past.

'Mijn horloge, wie krijgt dat?'

'Uw horloge?' Mijn oma werpt hem een blik toe die uitdrukt: dat hebben we toch al zo vaak besproken, alstublieft, denkt u toch een keer zelf na. Ze wikkelt het rood-wit gestreepte cadeaupapier netjes om de doos heen en zet er de asbak bovenop om te voorkomen dat het papier weer openvouwt – kort trekje aan de sigaret – daarna pakt ze de rol plakband.

'We zouden zo dadelijk iets kunnen eten,' zegt ze.

'Ik heb geen trek,' zegt hij.

'Nee. Ik ook niet.' Ze houdt het plakband op een afstandje van haar ogen. 'Maar we moeten wel wat eten.' Waar zit het begin nu? Ze draait het rolletje een keer langzaam rond.

'Hoe laat is het?'

'Moet ik hem soms weer uitpakken, Pista? Ik weet het niet. Vijf uur?'

Nu heeft ze de plek gevonden en krabt met haar vingernagel een stukje van de rol af.

'Kan ik u ergens mee helpen?' zegt hij. Hij zegt het uit beleefdheid. Hij kan zich eigenlijk niet voorstellen waarmee hij haar zou kunnen helpen.

Ze trekt een stuk plakband los, bijt er met haar tanden aan de zijkant in en scheurt het af. 'U zou muziek kunnen opzetten,' zegt ze. Ze legt het plakband op het cadeaupapier en drukt het aan. 'Maar alstublieft geen Wagner. Iets luchtigers.'

Ze neemt een laatste trek van de sigaret, die ondertussen tot het filter is opgebrand, en drukt hem in de asbak uit. Daarna pakt ze het doosje met de manchetknopen. Mijn opa staat op en loopt naar de platenkast, die de afgelopen twee jaar steeds meer een cd-kast is geworden, en even later wordt de ruimte gevuld door de klanken van koperblazers, die in eindeloos durende crescendi melodieuze harmoniewisselingen spelen. Het is enigszins pathetisch, maar dat

bevalt mijn oma juist. Het is een van haar lievelings-
stukken, *Hunyadi László* van Ferenc Erkel, een zeer
Hongaarse, zeer laatromantische opera. *'Telj-múlj,
nagy idö/Ez, mit ma lelkünk úgy remél,'* zingt het koor
uit de luidsprekers – 'Ga voorbij, tijd, grote tijd, dat is
waar onze zielen nu naar smachten.' Normaliter
bromt mijn oma een paar octaven lager mee, vandaag
pakt ze zwijgend nog meer cadeaus in, en mijn opa
kijkt vanuit zijn stoel toe.

*

Een paar dagen voor hun zelfmoord was de
arts met wie mijn grootouders bevriend waren, bij
hen op bezoek. Ze hadden hem opgebeld en uitgenodigd langs te komen, meer hadden ze niet gezegd. Hij
wist dat ze met de gedachte speelden om zelfmoord te
plegen – het was dezelfde arts aan wie ze hadden
gevraagd om ergens *Final Exit* voor hen op de kop te
tikken en die hun wens niet had ingewilligd. Hij wist
niet of ze hem als vriend of als arts wilden spreken,
waarschijnlijk allebei, dacht hij zelf.
Ik ga bij hem op bezoek in Kopenhagen, waar hij
met zijn vrouw in een mooi, licht huis met tuin
woont, de zee is niet ver weg, je kunt hem ruiken.
Zijn vrouw heeft een lunch voor ons klaargemaakt,
er zijn komkommersalade, garnalen, jongbelegen
kaas, gekookte ham, roggebrood en gezouten boter.
Frokost. Zoals bij mijn grootouders.
We besparen ons een inleiding en beginnen

onmiddellijk over mijn grootouders te praten. Hij heeft hen bij die laatste ontmoeting als opgewekt ervaren, zegt hij. Hij weet uiteraard niet wat er in hun binnenste omging, zo vertrouwelijk waren ze niet met elkaar. Mijn oma deed de deur voor hem open, mijn opa had op de bank in de woonkamer gezeten, heel mager, moe, maar zo op het oog niet gedeprimeerd. Niet naar buiten toe in elk geval. Nadat ze een poosje over ditjes en datjes hadden gebabbeld, stak mijn opa ineens zijn hand achter zijn rug en haalde met een triomfantelijk 'We hebben het!' het boek *Final Exit* van onder een kussen tevoorschijn.

Knud, de arts, spreekt heel vriendelijk over mijn grootouders. Hij beschrijft hen als een 'aristocratisch paar', noemt hen 'een koning en een koningin', zijn vrouw en hij mochten hen heel graag. Ik heb het gevoel dat hij – op Erzsi na – de enige is van alle mensen die ik spreek, die achter de façade van mijn grootouders heeft kunnen kijken. Die überhaupt heeft waargenomen dat er een façade bestond. Met hem kan ik zonder terughoudendheid praten, dat voel ik. Mijn grootouders konden dat ook.

Mijn grootvader heeft hem gevraagd of het echt noodzakelijk was om een antibraakmiddel in te nemen, vertelt hij. Op dat moment besloot hij dat hij hun alles zou vertellen waar ze op moesten letten. Hij wilde hen niet helpen bij hun zelfmoord, maar toen hij merkte dat ze het ook zonder zijn hulp zouden doen, wilde hij er wel aan meewerken dat ze het leven zo pijnloos en zo makkelijk mogelijk zouden kunnen verlaten.

'Ik vond de gedachte onverdraaglijk dat een van hen het zou overleven,' zei hij, 'misschien wel zwaargewond.'

Dus beantwoordde hij de vragen van mijn opa naar eer en geweten. Het was een gesprek tussen vakgenoten geweest, herinnert hij zich. Twee artsen die van gedachten wisselen. Ja, het antibraakmiddel is absoluut noodzakelijk. Ja, het gif werkt nog sneller als je de gelatinecapsules verwijdert en alleen het poeder inneemt, dat is een goed idee.

Knud zegt dat hij de indruk kreeg dat mijn grootouders een overeenkomst hadden gesloten dat de een niet zonder de ander zou sterven. Een eed die ze lang daarvoor, vijftig jaar geleden misschien wel, na afloop van de Tweede Wereldoorlog, tegenover elkaar hadden afgelegd en die misschien na hun vlucht opnieuw bekrachtigd was. Ik denk dat ook, maar dat weet Knud niet. Hun besluit was onherroepelijk, zegt hij. Er bestond geen twijfel.

Toen hij afscheid nam, was mijn opa blijven zitten, mijn oma had hem naar de deur begeleid. In het halletje heeft hij haar gevraagd of ze het niet nog een keer in overweging wilde nemen. Ze was toch volkomen gezond, kon nog lang een goed leven leiden. 'Je bent een lafaard,' heeft ze toen glimlachend tegen hem gezegd. 'Een fijne vent, maar een lafaard. Je durft de dood niet onder ogen te zien.' Daarna heeft ze nog gezegd dat hij zich geen zorgen hoefde te maken, ze zouden het niet meteen al morgen doen. En toen hij zich bij het tuinhekje nog een keer had omgedraaid, had ze nog in de deuropening gestaan en lachend naar hem gezwaaid.

Vier dagen later was ze dood.

Zou mijn oma de deur uiteindelijk achter hem hebben dichtgedaan en hoofdschuddend de woonkamer weer in zijn gelopen, zo'n mooie man – dat vond ze namelijk – alleen jammer dat hij zo'n lafaard is? Of was het eerder zo dat ze de deur achter hem dichtdeed en haar goede humeur, dat ze misschien alleen voor hun gast had opgehouden, plaatsmaakte voor vastberaden bedrijvigheid?

Hebt u alles genoteerd, Pista? Wat heeft hij gezegd, hoeveel antibraakmiddel?

Nog diezelfde middag ging mijn oma naar de apotheek in Ordrup, een plaats vlak bij Charlottenlund, en kocht een doos pijnstillers die bij reumatische aandoeningen wordt voorgeschreven. Bij een overdosis leiden die tot hypoventilatie en een hartstilstand. Ze kocht honderd stuks à honderdvijftien milligram. Het recept had mijn opa uitgeschreven.

*

Mijn oma zit in de slaapkamer op haar kant van het bed, rechts, de gordijnen zijn dichtgetrokken, de ballonvormige hanglamp dompelt de ruimte in een melkwit licht. Ze heeft een ingelijste foto van het nachtkastje gepakt. Ze staat er zelf op, als klein kind. Ze ziet eruit als een zigeunerjongen, zwarte ogen, zwart kort haar, dikke pony. De man naast haar, naar wie ze zo vriendelijk lacht, is haar vader, Elemér, een kleine dikke man met een kaal hoofd en een zwarte snor die vrolijk in de camera kijkt. Een stukje opzij van hen staat een in een lange, zwarte japon geklede, mooie vrouw met lang, zwart haar en een melancholieke gezichtsuitdrukking – Gizella. Mijn oma kijkt er even naar. Daarna zet ze de foto weer op het nachtkastje terug. Ze heeft er spijt van, voor het eerst van haar leven, dat ze in niets gelooft behalve in zichzelf. Het is vast veel makkelijker voor mensen die een God hebben, denkt ze. Die gelukkige, zwakke karakters kunnen zich rustig overgeven aan de dwaalleer dat er met de dood geen einde komt aan alles. Lafaards, denkt ze. Die durven niet aan de wormen te denken die de kist zullen doorboren en hun overblijfselen composteren. Ineens moet ze aan haar beide kinderen denken, maar teergevoeligheid staat ze zichzelf niet toe. Die zijn volwassen, denkt ze. Die hebben allang zelf een gezin. Die mogen niet van haar verlangen dat ze nu alleen ter wille van hen doorleeft. Het is haar leven. Ze is niemand wat verschuldigd. Dat zullen ze, besluit ze, wel begrijpen.

Op het tikken van de wekkers op de beide nachtkastjes na is het heel stil. Kan Pista dan geen muziek opzetten, moet hij uitgerekend nu zo in stilte verzonken zitten? Ze zou nu graag iets anders horen dan haar eigen gedachten die zich de een na de ander opdringen. Waar zijn mijn sigaretten, aha, hier, en waar de aansteker? Een paar dagen geleden werden delen van de oude binnenstad van Dubrovnik door een bombardement verwoest, ze heeft er beelden van gezien in het journaal. Als kind is ze een paar keer met haar ouders in Dubrovnik geweest. Ineens mist ze de hond. Ach Mitzi, denk ze, kleine Mitzi. Wat zou ze nu doen? Zou Inga goed voor haar zorgen? Zou ze daar voor altijd kunnen blijven? Wanneer zou iemand merken dat...

'Vera?' klinkt het uit de woonkamer.

Wat nu weer. Kunnen ze je dan nooit een seconde met rust laten? Als een klein kind is hij soms.

'Vera?' klinkt het nu wat luider.

Ze steekt een sigaret op, neemt een diepe haal. 'Ja?' Ze staat op.

*

Mijn opa ligt op de sofa in de woonkamer, zijn hoofd ondersteund door een van de armleuningen, hij paft een sigaartje en volgt met zijn ogen de rook die opstijgt en vlak onder het plafond in lucht oplost. Vandaag is dus de dag waarop hij zal sterven. Was het een goed leven? Ja, denk hij. Het was een goed leven.

'Vera?' roept hij.

Niets.

'Vera?' roept hij nog een keer.

'Ja?' klinkt het langgerekte antwoord.

'Wat doet u?'

Niets.

Hij wil net zijn zin herhalen als hij haar voetstappen

in de tussengang hoort die de slaap- en badkamer met de keuken verbindt en van daaruit door naar de woonkamer loopt. Hij neemt een trek van zijn sigaartje. De temperatuur in de kamer is aangenaam. Hij heeft op het moment geen pijn, hij is alleen wat flauw van de honger, maar ze zullen zo wat eten, tot die tijd moet hij nog even geduld hebben.

Mijn oma komt de woonkamer binnen, sigaret tussen de vingers.

'Wat is er nou?' zegt ze.

'Ik vroeg me af waar u bleef.'

'Ik heb iets opgeruimd,' zegt mijn oma.

'U hebt uw gouden ketting om,' zegt mijn opa. 'Kom hier, kom bij me zitten.'

Hij tilt zijn hoofd op, haalt zijn benen van de zitting en gaat overeind zitten, wat niet zo erg zwierig lukt als hij het zich had voorgesteld. Hij is toch zwakker dan hij dacht. Mijn oma staat besluiteloos midden in de kamer.

'Kom hier,' zegt mijn opa nog een keer en hij klopt met zijn hand op de plaats naast hem.

'Ik wil graag dat we iets afspreken,' zegt ze terwijl ze blijft staan waar ze staat.

Mijn opa kijkt haar aan.

'Vandaag is een volstrekt normale dag. We gaan alleen maar naar bed.'

'En slapen een beetje langer dan anders?' Hij laat het opgewekt klinken.

'We gaan alleen maar slapen. Niets dramatisch. Afgesproken?'

'Kom bij me.' Mijn opa strekt zijn hand naar haar uit.

'Ja? Kunnen we dat afspreken?' Ze doet een paar stappen in de richting van de sofa.

'Ja?'

'Wat ja?'

'Vandaag is het een volstrekt normale dag. Misschien kijken we nog naar het journaal... Nee, niet het journaal? Wat hebt u toch? Hou toch op. Een volstrekt normale dag. We gaan zo naar bed. Met andere woorden, ik ben al heel moe. Een volkomen normale dag.'

Mijn opa buigt zich een stukje naar voren en trekt aan de hand van mijn oma waarin ze geen sigaret vasthoudt. Ze laat hem begaan, komt naast hem op de sofa zitten en legt haar hoofd tegen zijn schouder. Hij aait haar een paar keer over haar donkergrijze haren die als staalwol aanvoelen, daarna ontwijkt ze zijn aanraking.

'Er moet nog een hoop worden gedaan,' zegt ze en ze staat al weer.

'Natuurlijk,' zegt mijn opa. 'Hoe laat is het?'

*

In de keuken laat mijn oma het water een tijdje lopen tot het warm is. Dan vult ze de fluitketel en zet hem op het fornuis. Ze controleert of de fluit vast genoeg zit – soms zit hij te los, dan komt er geen geluid uit, en het is haar meer dan eens overkomen dat het water al helemaal was verdampt toen ze er eindelijk aan dacht dat ze moest gaan kijken of het al kookte.

Ze pakt twee kopjes uit de kast. Niet die deftige met het gouden randje, maar heel normale witte, bolvormige, en hangt in elk een theezakje, soort: earl grey. Daarna haalt ze het zakje brood uit de trommel dat ze gisteren heeft gekocht. Het zit nog dicht. Ze maakt het metalen lipje aan de bovenkant los en haalt er twee sneden uit. Ze denkt even na en pakt dan nog een derde en een vierde. Het is tarwebrood en heeft nauwelijks onverteerbare bestanddelen, en ze mogen ook niet te weinig in hun maag hebben, denkt ze.

Ze schuift de vier boterhammen in het broodrooster, dat groot genoeg is om er nog vier bij te stoppen. Voordat ze het kan aanzetten, moet ze eerst de stekker in het stopcontact steken – elke keer als ze het heeft gebruikt, trekt ze die er weer uit, omdat ze bang is, volstrekt irreëel zoals ze zelf best weet, dat elektrische apparaten uit zichzelf aan springen en het huis op een dag zal afbranden. Ze drukt de hendel naar beneden, een seconde later beginnen de verwarmingselementen te gloeien en er stijgt warmte uit het broodrooster op. Ze denkt een poos helemaal niets, en dan laat de fluit van de ketel op een gegeven moment een zacht gefluister horen waarmee deze aankondigt dat hij zo meteen hard zal gaan fluiten en het water dus zo zal koken. En terwijl ze het kokendhete water in de koppen giet, maakt het broodrooster een krakend geluid en springen de vier sneden brood omhoog.

Mijn oma pakt twee houten plankjes van het rekje en legt de geroosterde boterhammen erop. Ze zijn precies zoals ze moeten zijn – in het midden mooi bruin, aan de randen iets lichter. Ze trekt de besteklade open en pakt er een houten botermesje uit, daarna haalt ze een kuipje margarine uit de koelkast en begint de sneden geroosterd brood dun te besmeren. De margarine smelt snel. Ze smeert die netjes vanuit het midden naar de zijkanten uit. Als ze de deksel weer op het kuipje doet, valt haar blik op het stempel met de houdbaarheidsdatum. GEKOELD MINSTENS HOUDBAAR TOT JANUARI 1992, staat er. Tot volgend jaar dus. Dat vindt ze een troostrijke gedachte. De wereld zal gewoon blijven doordraaien.

*

Om 18.30 uur eten mijn grootouders zittend op de sofa in de woonkamer ieder twee sneden geroosterd brood met margarine en drinken er een kop slappe, zwarte thee bij. Mijn oma voelt zich ineens merkwaardig opgewekt. Alsof er nu, met het bereiken van het eerste punt op hun todolijst, niets meer mis kan gaan. Alsof de finish in zicht is, vanaf nu zal het verlopen zoals ze het een tijd geleden hebben voorbereid. Vanaf nu hoeft ze niet meer na te denken. Alleen nog maar te handelen. Vanaf nu weet ze wat er moet worden gedaan en wanneer. Ze pakt Pista's hand en knijpt er even in. Hij kijkt haar aan en

knikt bijna onmerkbaar. In haar keel stijgt een lach op
en het is helemaal niet zo makkelijk om die te onder-
drukken.

*

Om 18.45 uur loopt mijn oma door het hele
huis, doet in alle kamers het licht aan en trekt de gordijnen dicht. Ze maakt daar zoveel mogelijk geluid
bij, loopt hoorbaar rond, mompelt halfluid bevesti-
gingen zoals 'zo' en 'dat regelen we meteen'. Ze heeft
het gevoel dat het huis merkwaardig stil is zo zonder
hond. Anders dan anders. Niet prettig. Ze doet lamp
voor lamp aan, trekt hier nog een kussen recht en
hangt haar zwarte jas toch maar van de kapstok bij de
voordeur in de kast op de logeerkamer. 'Zo.'

Als ze na haar kleine ronde terug in de slaapkamer
komt, heeft mijn opa zijn gestreepte pyjama al aan die
ze voor hem had klaargelegd. Hij zit op het bed.

'Pista,' zegt ze bijna een beetje zenuwachtig. 'Dit
moet u zien, kom mee, we lopen nog een keer door de
kamers.'

Ze heeft ineens zo'n feestelijk gevoel. Het hele huis
baadt in het licht. En het is zo mooi opgeruimd. En in
de woonkamer geuren de rozen zo lekker. Precies zo
heeft ze het altijd willen hebben. Licht. Blinkend.
Helder en klaar.

Mijn opa schudt zijn hoofd. Hij wil niet nog een
keer opstaan. En zelfs al zou hij het willen, hij kan het
nu niet.

'Ik heb overal het licht aangedaan,' zegt mijn oma.
'Het is schitterend.'
'Wat hébt u?'
Mijn opa kan zijn vrouw nauwelijks verstaan. Hij is
heel duizelig. Van de zenuwen? Van de angst?
Waarschijnlijk van vermoeidheid, denkt hij. De laatste tijd heeft hij altijd overdag geslapen terwijl hij
's nachts wakker lag. En vandaag is hij zelfs buiten
geweest. Het is alsof hij bijna bezwijkt onder een
loden last en hij niet de kracht heeft om zich ertegen
te verzetten.
'Wat hébt u?' herhaalt hij zachtjes.
Mijn oma gaat naast hem op het bed zitten en pakt
zijn hand.
'Niets,' zegt ze. 'Laat maar.'

*

Om 19.00 uur brengt mijn oma mijn opa bij
hun bed twee tabletten tegen reisziekte. Ze heeft haar
eigen twee al in de badkamer ingenomen. Ze heeft
zich ondertussen ook klaargemaakt voor de nacht. Ze
heeft rouge opgedaan, slechts een vleugje, zodat het
niet op het beddengoed afgeeft. Ze heeft haar haren
geborsteld en haar beste nachthemd aangetrokken.
Het is van witte zijde en heeft een meisjesachtig
kraagje met ruches. De stof is heel licht, ze voelt die
nauwelijks. Ze heeft sieraden omgedaan. Om haar
hals de gouden ketting van haar moeder, om de pols
het sierlijke, gouden horloge. De driedelig vervloch-

ten, gouden ring, die ze normaliter altijd draagt, heeft ze afgedaan en op haar nachtkastje gelegd. Erzsi moet die krijgen, en ze heeft nu al het gevoel dat hij niet meer van haar is.

'Hebt u water nodig?' vraagt mijn oma.

Mijn opa schudt zijn hoofd.

*

Op haar gouden horloge is het 19.05 uur. Mijn oma zit aan mijn opa's kant van het bed, kijkt hem aan en streelt zijn hand. Het motorische van de beweging kalmeert haar. Het is alsof ze zichzelf aait. Hij ademt zwaar, ze weet niet of hij slaapt, maar ze wil hem niet wekken. Het lijstje waarop staat wat er wanneer moet worden gedaan, ligt op haar schrijftafeltje. Ze kan het vanaf het bed zien liggen, maar ze heeft het niet nodig. Ze kent het uit haar hoofd. Er staat toch nog maar één punt op. Ze aait haar man over zijn voorhoofd. Helemaal koud is het, en een beetje vochtig van het zweet. Ze kijkt weer op haar horloge. Het is nog steeds 19.05 uur.

*

Om 19.25 staat mijn oma op. Ze zou nu toch wel graag gezelschap hebben.

'Pista.'

Mijn opa maakt een geluid en slaat zijn ogen op. Heel even ziet hij eruit alsof hij niet weet waar hij is.

'Het is zo halfacht,' zegt mijn oma.

'Hm,' bromt mijn opa.

'Pista,' zegt ze nog een keer, nadrukkelijker nu. 'Het is zo halfacht. Alstublieft, ik wil nu liever niet alleen zijn.'

'Ik ben er,' zegt mijn opa, die nu al zijn krachten aanwendt om zich tegen zijn moeheid te verzetten en rechtop gaat zitten.

'Goed.' Ze loopt om het bed heen naar haar nacht-kastje en pakt een doos tabletten uit het laatje.

'Bent u er nog?' vraagt ze zonder zich om te draaien.

'Hm,' zegt mijn opa. 'Hoe laat is het?' Hij ziet er een beetje als een schooljongetje uit in zijn breedgestreep-te pyjama.

'Halfacht. We nemen zo het slaapmiddel.'

'Nu al?' zegt mijn opa.

'Pista, het is halfacht.' Haar toon klinkt nu weer net zo geïrriteerd als op elke andere willekeurige dag.

Terwijl ze weer om het bed heen loopt, telt ze een paar tabletten af en legt die in de uitgestrekte hand van mijn opa. Ze geeft hem ook nog het glaasje water dat ook al op haar nachtkastje klaar had gestaan. Mijn opa doet alle tabletten in één keer in zijn mond. Hij moet meerder keren een slok water nemen voordat hij ze allemaal heeft doorgeslikt. Mijn oma loopt weer naar haar nachtkastje en neemt de tabletten in haar hand die ze voor zichzelf heeft afgeteld. Ze slikt de ene na de andere door en neemt er elke keer een slok-je water bij.

'Zo,' zegt ze als ze klaar is.

'Hebt u de brief al geschreven?' vraagt mijn opa.

'Nee, dat komt nu,' zegt ze. Zo is de volgorde: anti-braakmiddel, slaaptabletten, brief. Papier en pen liggen ook op haar nachtkastje klaar.

Ze gaat op bed zitten. 'U schrijft.' Ze geeft hem de pen.

Mijn opa pakt een boek dat op zijn nachtkastje ligt en als onderlegger dienst kan doen.

'Wat moet ik schrijven?'

'Pista, zoals we hebben besproken. U schrijft dat op wat u moet schrijven. Zoals in het boek staat. Moet ik het halen?'

'Nee, ik weet het wel.'

Hij zet de pen op het papier en begint te schrijven: 'Dit is weloverwogen gebeurd.' Hij schrijft in het Deens, *'Dette er blevet velovervejet.'*

'En dat u ons de medicijnen hebt bezorgd,' zegt ze.

'Jeg har skabt medicinen...' schrijft hij verder.

'En dat het zonder hulp van buiten is gebeurd.'

Hij knikt. Hij schrijft langzaam, maar zonder een moment te pauzeren.

Ze draait zich weer naar haar nachtkastje om en haalt uit het laatje een klein Post-it-blokje, een reclamegeschenk van een geneesmiddelenfirma, waarop ze af en toe dingen noteert die haar voor het inslapen invallen en die ze niet wil vergeten. Ze pakt haar vulpen en schrijft op het bovenste blaadje:

'NIET REANIMEREN S.V.P.'

Daarna zet ze er de datum en haar handtekening onder en trekt het blaadje eraf.

'Zo,' zegt ze, alsof ze iets afvinkt.

Ze staat op, loopt de paar passen naar de deur die openstaat. Ze brengt het Post-it-velletje aan de buitenkant op ooghoogte aan. Nadat ze een paar keer met haar knokkels over de plek heeft gestreken waar zich op de rugzijde de plakrand bevindt, en ervan overtuigd is dat het zal blijven hangen, loopt ze terug naar het bed.

Mijn opa zit nog steeds te schrijven.

'Waar bent u?' vraagt ze.

'*Jeg er så forpint af min sygdom,*' leest hij voor. 'Hoe schrijf je cardiomyopathie in het Deens?'

'Met een "i" op het eind,' zegt ze.

Het kleine reclameblokje ligt nog op haar nachtkastje. Ze pakt haar vulpen en schrijft iets op: 'We hebben samen geleefd, we sterven samen. We hebben heel veel van jullie gehouden. Mami.' Ze schrijft het in het Hongaars op, het klinkt als een gedicht: '*Együtt éltünk. Együtt megyünk. Szerettünk titeket nagyon. Mami.*'

Daarna doet ze de dop weer op de pen. Is het normaal dat ze nog niets van de slaaptabletten merkt? Hoe lang zal het duren voordat ze er moe van wordt?

'Klaar,' zegt mijn opa.

Hij reikt mijn oma het vel aan. Die pakt het en leest het hardop voor.

'*Dette er blevet velovervejet. Jeg har skabt medicinen. Ingen kan være ansvarlig for hvad der er sket. Jeg er så forpint af min sygdom (kardiomyopathi)... at alt hvad jeg ønsker risikerer er en fredelig afsked fra livet.*' En zijn handtekening.

Hij heeft het op de achterkant van een velletje uit een reclameblocnote van het *American Medicine Journal* geschreven. Zijn handschrift is onzeker. Mijn oma is tevreden.

'Ik ben zo weer terug.' Ze neem de brief en haar Post-it-velletje mee naar de woonkamer. De brief van mijn opa legt ze op de salontafel. Ze legt hem precies in het midden, zodat niemand hem over het hoofd kan zien, de vaas met de rozen schuift ze een stuk naar achteren. En haar afscheidsbriefje, dat op zo'n armzalig klein post-it-velletje is geschreven dat haar kinderen nog lang naar een andere, een echte zullen zoeken, plakt ze ernaast.

*

Om 19.35 uur trekt mijn oma de slaapkamerdeur achter zich dicht. Alle lampen zijn aan, de beide lampjes op de nachtkastjes, de staande lamp naast het schrijftafeltje, de grote, ronde hanglamp. Ze gaat weer op het bed zitten. Op haar nachtkastje staan nog twee grote, volle waterglazen, waarvan de bodems met een wit poeder zijn bedekt. Ze pakt de lepel die daar ook al klaarligt, en roert eerst in het ene glas, daarna in het andere, tot het poeder regelmatig over het water is verspreid.

Mijn opa kijkt toe vanaf zijn linkerkant van het bed. Hij heeft de deken tot zijn kin opgetrokken, alleen zijn hoofd steekt erboven uit.

'U moet snel drinken.' Met deze woorden geeft ze

hem een glas aan en pakt zelf het andere.

'Ogenblikje.' Ze glipt met haar benen onder het dekbed. Nu liggen ze naast elkaar in bed, ieder met een glas in hun hand.

Ze voelt nu dat het slaapmiddel begint te werken, het gevoel breidt zich door haar hoofd uit.

'Pista?'

Hij hoort haar als door een sluier.

'Ja?'

'Nu,' zegt ze.

Ze brengen allebei hun glas naar hun mond en drinken het in één keer achter elkaar leeg, zoals in het boek staat. Op de bittere smaak waren ze voorbereid, zo erg is het helemaal niet. Ze zetten de glazen op het nachtkastje.

'Pista?'

Haar hand zoekt de zijne.

'Ja?'

Ze wordt lichter in haar hoofd. Alle lampen zijn aan, maar ze heeft de indruk dat het nu wat donkerder wordt.

'Pista?'

Ze pakt zijn hand.

Hij wil haar graag aankijken, maar hij is ineens zo moe. Zo moe.

'Ik dank u.'

Hij voelt dat ze in zijn hand knijpt.

'Nee,' zegt hij. 'Ik dank u.'

Het wordt donker.

Ze doet haar ogen dicht.

*

Op 14 oktober 1991, dat op een maandag viel, wierp de krantenbezorger zoals elke werkdag 's morgens vroeg de *Berlingske Tidende* over het tuinhek heen. Hij mikte zo goed als hij kon op de huisdeur, maar die dag gooide hij er een beetje naast en landde de krant ruim twee meter ervoor, op het stenen trappetje dat naar de voordeur leidt.

*

Op dinsdag 15 oktober 1991 gooide dezelfde krantenbezorger de krant iets beter, hij kwam perfect midden op de deurmat te liggen. Nu lagen er twee kranten voor het huis op nummer 82, want die van de dag daarvoor was niet naar binnen gehaald, hij lag nog steeds vooraan op het trappetje.

*

Op de middag van diezelfde dag, op dinsdag 15 oktober 1991, ging in het huis van mijn grootouders tegen 17.00 uur de telefoon.

Dat was ik.

Ik zat in München op de groene ribfluwelen stoel, die nu ook nog in het huis van mijn ouders voor het bureautje met de telefoon staat, voor me het boekje met de bruinleren omslag waarin de nummers staan, opengeslagen bij de 'A'. Zojuist heb ik een telefoontje van mijn neef uit Denemarken aangenomen die vroeg of onze grootouders toevallig bij ons waren. Ze waren niet te bereiken en hij was net met zijn vader naar hen toe gereden, maar niemand deed open en toen dacht hij dus: zouden ze soms in München zijn?

Nee, hier zijn ze niet, had ik zo normaal mogelijk gezegd. We hadden beiden gedaan alsof we niet wisten wat dat betekende, en snel opgehangen.

Ik had toen in het bruinleren boekje van mijn ouders het telefoonnummer van mijn grootouders opgezocht, dat ik niet uit mijn hoofd kende, omdat gesprekken met het buitenland in die tijd nog iets bijzonders waren en we elkaar niet vaak belden.

Ik draaide het nummer.

De telefoon ging over.

Ik wist dat niemand zou opnemen.

Hij ging lang over, mijn grootouders hadden geen antwoordapparaat. Ik stelde me voor hoe de telefoon in hun huis rinkelde, hoe die in hun woonkamer op de secretaire stond en rinkelde, hard en lang, en dat het tot in het verste hoekje van elke kamer duidelijk was te horen.

In de keuken waar het broodrooster weer uit was.

In de logeerkamer waar de Chagall-poster hing.

In het halletje waar op de plank het doodshoofd stond.

In het gastentoilet met zijn blauwe tegels.

In de badkamer, waar naast het tandenpoetsglas een grote fles 'Nur 1 Tropfen' stond.

In de eetkamer waar de muziek van Diabelli helemaal bovenop op de tafelpiano lag.

In hun slaapkamer.

Ik zat in München op de groene ribfluwelen stoel in de woonkamer van mijn ouders, de hoorn tegen mijn oor, in Kopenhagen rinkelde de telefoon, en ik durfde niet op te hangen.

*

UIT HET POLITIEDOSSIER

Onmiddellijk na de telefonische aangifte op dinsdag, 15.10.91, werden om 17.27 uur rechercheur Søren J. en ondergetekende in 305 (wagennummer) evenals Carsten A. in 535 door de dienstdoende rechercheur T. naar het genoemde adres in Charlottenlund gestuurd. We kwamen om ongeveer 17.40 uur ter plaatse aan.

Ter plaatse werden voor het huis de aangever, Peter D., woonachtig te Hellerup, evenals zijn zoon, het kleinkind (van de overledenen), Sebastian D., woonachtig te Brabrand, aangetroffen.

Ze legden een verklaring af tegenover mijn collega, rechercheur Søren J.

Rechercheur Søren J. en ondergetekende, evenals de dienstdoende rechercheur Carsten A. liepen om het huis heen, of om het huis te kunnen betreden, of om door de ramen iets te kunnen zien. Bijna overal in het huis brandde licht, de gordijnen waren overal dichtgetrokken, behalve in de woonkamer, die er opgeruimd uitzag, er waren geen personen in de woonkamer te zien. Het was niet mogelijk om door de ramen in de andere ruimtes naar binnen te kijken, omdat de gordijnen, zoals reeds vermeld, waren dichtgetrokken. De voordeur zat op slot, zo ook verschillende terras /tuindeuren. Voor de voordeur lagen twee vochtige kranten, *Berlingske Tidende*, van 14.10.91 en van 15.10.91.

De dienstdoende rechercheur Carsten A. zorgde ervoor dat een slotenmaker te hulp werd geroepen.

De slotenmaker M. verscheen ter plaatse om 18.00 uur. De deur werd niet lang daarna geopend en de dienstdoende rechercheur Carsten A. ging daarop alleen het huis binnen, waar hij de beide overleden personen dood liggend in hun respectievelijke bedden aantrof.

De dienstdoende Carsten A. had vooraf verklaard dat hij er de voorkeur aan gaf om alleen het huis in te gaan, omdat de mogelijkheid bestond dat het om een ander soort geval zou kunnen gaan.

Rechercheur Søren J. en ondergetekende betraden daarna de vindplaats, waar de dienstdoende rechercheur Carsten A. de in de slaapkamer liggende doden liet zien. Rechercheur Søren J. keerde daarna terug naar de aangever en de kleinzoon.

De aangever en de kleinzoon liepen vervolgens naar de slaapkamer, waar ze de overleden personen identificeerden. Er werd een briefje gevonden, geplakt op de slaapkamerdeur, met het volgende opschrift:

'Niet reanimeren s.v.p.', gedateerd op 13.10.91 met handtekening.

Het genoemde briefje werd als geschreven door de vrouw (de overledene) herkend, de handtekening kon niet worden ontcijferd (wederom herkend door de aangever en de kleinzoon).

Het genoemde briefje wordt aan het dossier toegevoegd.

De dood werd door de dienstdoende Carsten A. om 18.04 uur vastgesteld. Ik en de dienstdoende Carsten A. stelden overtuigende aanwijzingen voor de dood vast, er bevonden zich lijkvlekken in de lagergelegen delen van het lichaam, onmiskenbare lijkstijfheid was aanwezig, ze waren beiden koud. Verkleuring/lijkvlekken aan de linkerhand van de dame, in de lagergelegen delen. Toen het dekbed van de dame werd afgehaald, zag men zwarte tenen. Toen het dekbed werd verwijderd, nam de verkleuring aan de voeten plotseling toe. Het was voor het overige koud in de slaapkamer. Beiden hadden lijkvlekken in de lagergelegen delen bij de buik.

Op grond van bovenstaande vaststellingen zorgde de dienstdoende rechercheur Carsten A. dat er een lijkwagen werd besteld.

De beide overleden personen werden, zoals reeds vermeld, liggend in hun respectievelijke bedden in de slaapkamer gevonden.

Ze lagen beiden onder het dekbed, de hoofden staken erboven uit. Ze hielden elkaar bij de hand vast.

De man lag op zijn rug, hij droeg een gestreepte

pyjama, met zijn linkerhand hield hij de hand van zijn vrouw vast.

De vrouw lag op haar rechterzij, haar rechterarm en rechterhand lagen onder haar hoofd. De linkerarm lag gestrekt, ze hield met haar linkerhand de hand van haar man vast. De vrouw was in een lichtgekleurd nachthemd gekleed.

In de slaapkamer werden op het nachtkastje van de vrouw verschillende medicijnen evenals een injectie-spuit in een beker gevonden. De pillen evenals de genoemde spuit werden hierheen meegenomen. De spuit was leeg, er zat een beschermende huls om de injectienaald. Op de betreffende nachtkastjes naast het bed stond bij beide overleden personen een glas half gevuld met water, bij beiden stond ook een klei-ner glas, waaraan was te zien dat daarin pillen/of stof-fen met een lepel waren fijngedrukt of verpulverd. In de kleinere glazen zag men restanten van een witte stof, deze werden evenals de lepel hierheen meegeno-men.

Naast het bed, aan de kant van de overleden man, bevond zich een zuurstofapparaat.

Het huis is een gebouw van één verdieping, gelegen in een villawijk met hoge begroeiing.

Het huis ligt een stuk naar achteren van de straat af en een weinig hoger dan de omgeving.

Het huis is een houten huis, bruin geschilderd.

Men kan rondom het hele huis lopen, het is in een zogenoemde hoefijzervorm gebouwd.

Alle ramen in het huis waren gesloten en zaten vanbinnen met haken vast. Ze waren allen onbeschadigd. Bij het doorzoeken van de woning en het onderzoek van de toegangswegen was er niets wat erop wees dat een inbraak had plaatsgevonden.

Het was overal schoon en opgeruimd, er was niets wat erop wees dat gewelddadigheden en dergelijke zouden hebben plaatsgevonden.

De hond van de overleden personen werd niet in het huis of in de buurt aangetroffen. Bij het huis hoort een garage aan de weg, de auto van de overleden personen stond in de garage. De garagedeur was op slot.

Opgemerkt dient te worden dat in één kamer verschillende geschenken op een tafel stonden, voor bekenden/familie.

Schets van het huis wordt aan dit rapport toegevoegd.

Het laatste vel in het dossier dat de Deense politie over de zelfmoord van mijn grootouders heeft aangelegd en dat in Helsingör in het archief ligt opgeslagen, is de rekening van de slotenmaker die de deur heeft geopend. Het heeft 297,02 kronen gekost.

Ik dank Lily Brett voor haar inspiratie, mijn vader voor zijn moed, mijn moeder voor haar steun, Zsuzsi voor haar geduld en gastvrijheid, iedereen die de tijd heeft genomen om mij over mijn grootouders te vertellen, Stephen-István voor de vele informatie, Petra Eggers voor de begeleiding, Georg Reuchlein voor zijn vertrouwen, Martin Mittelmeier voor zijn verstandige opmerkingen. Charlotte voor je vroege leeswerk en Olivier gewoon voor alles.